**Jonathan Bergmann**
**Aaron Sams**

# Dale la vuelta a tu clase

## Lleva tu clase a cada estudiante, en cualquier momento y cualquier lugar

Prólogo de **Marc Prensky**

biblioteca
INNOVACIÓN
**EDUCATIVA**

sm

Sexta edición: marzo de 2021
Primera edición: mayo de 2014

Título original: *Flip Your Classroom. Reach Every Student in Every Class Every Day*
de Jonathan Bergmann y Aaron Sams


Dirección del proyecto: Adolfo Sillóniz
Diseño: Dirección de Arte Corporativa de SM
Traducción: Maia Fernández
Corrección: Juana Jurado
Edición: Sonia Cáliz

ISBN: 978-84-675-6118-0

Depósito legal: M-1170-2014
Impreso en España / *Printed in Spain*

Debido a la naturaleza dinámica de internet, Ediciones SM no puede responsabilizarse por los cambios o las modificaciones en las direcciones y los contenidos de los sitios web a los que se remite en este libro.

*Gracias a The Morgridge Family Foundation*
*y a la TechSmith Corporation.*

*Para Kris y Kelsey.*

# Índice

# Prólogo

Está a punto de leer un libro que, afortunadamente, le será muy útil en su aula, tanto desde el punto de vista de la teoría como de la práctica. Estoy seguro de que podrá extraer grandes ideas de él.

Sin embargo, es importante que entienda que "dar la vuelta" a la clase y el modelo para el dominio de "dar la vuelta" a la clase –los temas que se exponen en este libro– representan solo un fragmento de una imagen mucho más grande. Esa imagen es la transformación de lo que la educación es –y significa– en nuestro nuevo contexto del siglo XXI.

En estos días se dice con frecuencia a los docentes que "tienen que cambiar", pero por lo general no se les da una explicación satisfactoria acerca del porqué. La razón es que el contexto en el que viven tanto sus alumnos como usted ha cambiado y seguirá cambiando rápidamente en el curso de nuestras vidas.

Aunque nuestros hogares y centros educativos puedan tener la misma apariencia, todos vivimos en un mundo excepcionalmente nuevo, caracterizado por:

- Un gran aumento de la inestabilidad, la incertidumbre, la complejidad y la ambigüedad (VUCA[1]).
- Un cambio que no solo es más rápido, sino que además está en constante aceleración.
- Unos cerebros y mentes que se extienden y amplifican, gracias al uso de las nuevas tecnologías.
- Unas redes globales que nos conectan a todos en el planeta, tanto con los recursos disponibles como con las demás personas.

Se trata de un contexto absolutamente nuevo y diferente para todos nosotros.

El trabajo del docente de hoy es adaptarse a este contexto cambiante, de la misma manera en la que los seres humanos –en todas partes y en todas las épocas– se han adaptado a los cambios en sus contextos. Y aunque nadie pretenda afirmar que es fácil, la adaptación es algo para lo que todos los seres humanos están preparados.

Así que ningún profesor tiene excusa para decir: "No puedo hacerlo". Pero algunas orientaciones que aparecen este libro pueden resultar de mucha ayuda.

[1] VUCA es un acrónimo utilizado desde 1990 para describir la inestabilidad (Volatility), incertidumbre (Uncertainty), complejidad (Complexity) y ambigüedad (Ambiguity) que pueden conllevar ciertas situaciones [N. de la E.].

## ¿Guardianes del pasado?

Durante generaciones, los educadores se han visto a sí mismos como los "guardianes del pasado". Ellos eran los que distribuían todo el conocimiento humano desarrollado a lo largo de milenios a las siguientes generaciones. Habitualmente, los docentes se aprendían la información, y luego la transmitían a sus estudiantes. Hasta hace poco tiempo, la distribución del conocimiento pasado era una importante labor que los educadores desempeñaban. Y como en épocas precedentes el mundo no cambiaba demasiado durante la vida de un estudiante, cualquier cosa que sus profesores le enseñaran sobre el pasado casi siempre era útil para los "futuros" en los que iba a vivir.

Pero esto ya no es así. El viejo papel educativo de "transmitir información" ha sido sustituido por "enseñar a los estudiantes a enseñarse a sí mismos". Ahora el mundo cambia tan rápido que la mayor parte de la información, e incluso muchas de las habilidades que enseñamos a nuestros alumnos, ya están pasados de moda, y para mañana serán inútiles. Lo que nuestros estudiantes necesitan de sus profesores es que sean sus "entrenadores para el futuro".

Los docentes están empezando a adaptarse a nuestro nuevo contexto a distintas velocidades. El hecho de que usted esté leyendo este libro demuestra que ya forma parte de este grupo de adaptación temprana que está pensando en el futuro.

Entre las primeras adaptaciones al nuevo contexto está dejar de ser únicamente transmisores de información para convertirse en transmisores de competencias. *Dale la vuelta a tu clase* forma parte de esto. Coloca la información que los profesores tienen que hacer llegar a los alumnos en métodos de almacenamiento y transmisión de conocimiento actualizados (por ejemplo, vídeos en vez de libros), y les enseña las habilidades para recuperar dicha información y hacerla propia. La metodología de "dar la vuelta a la clase" permite a un profesor pasar la mayor de su tiempo en el aula perfeccionando las habilidades de sus estudiantes.

Sabemos que "dar la vuelta a la clase" funciona, porque siempre ha funcionado –este "dar la vuelta", en cierto sentido, no es más que la versión contemporánea de hacer que los chicos lean un capítulo del libro de texto la noche anterior y al día siguiente lo comenten y hagan ejercicios sobre él. Sin embargo, el uso del vídeo en lugar del texto actualiza la metodología.

## Solo el comienzo

El concepto de "dar la vuelta a la clase" es solo el inicio de los grandes cambios que están por venir en la educación. Muchos de nosotros seguimos todavía atrapados en la idea de que la educación consiste únicamente en proporcionar "contenido" a los estudiantes de la manera que sea para que estos lo "dominen". Aunque algunos educadores han comenzado a enseñar más habilidades, el mundo todavía no enfoca la atención de nuestros educandos directamente hacia las habilidades "fundamentales" que necesitan para tener éxito en el futuro: pensar, actuar, relacionarse y obtener logros.

Los elementos del currículo educativo que enseñamos hoy –es decir, Matemáticas, Lenguaje, Ciencias e Historia– son necesarios en diferentes grados para distintos estudiantes, pero las habilidades claves son imprescindibles para todos ellos.

Aunque las materias de hoy se utilizan a menudo como "medios" para desarrollar esas habilidades básicas, con demasiada frecuencia en nuestros centros educativos se pierden dichos fundamentos en aras del contenido. Es necesario que empecemos a orientar a nuestros estudiantes, de manera más directa, hacia las habilidades básicas de pensamiento efectivo, acción, relación y obtención de logros.

## Somos la última "generación 'preinternet'"

La gran mayoría de los educadores actuales –y posiblemente la mayor parte de quienes están leyendo este libro– proviene de una generación especial en la historia de la humanidad: somos "la última generación preinternet" (TLPIG[2]) que el mundo conocerá. Como fuimos criados y educados en un "mundo preinternet" y, por tanto, estamos imbuidos de ideas y valores preinternet, con frecuencia es muy difícil para muchos de nosotros entender el entorno actual de nuestros alumnos, y comprender el tipo de adaptaciones que ese nuevo mundo requiere de nosotros.

Por ejemplo, resulta difícil comprender que ponerse a dar una charla frente al aula ya no es una manera eficaz –o incluso aceptable– de enseñar. Es difícil para muchos de nosotros aceptar que actualmente los estudiantes tienen que dedicar menos tiempo a "hacer su propio trabajo individual" y más tiempo a colaborar entre ellos, lo cual a menudo lleva a que tengamos aulas muy diferentes a las que estamos acostumbrados. Y es extremadamente difícil para muchos de nosotros comprender que la herramienta más querida y cercana a nuestros corazones y con la que más cómodos nos sentimos, el libro impreso, está perdiendo su papel central en la educación.

Pero, todo esto está ocurriendo en nuestra nueva realidad. Para todas las generaciones 'preinternet' los libros eran la principal herramienta disponible para aprender acerca del mundo. Estos libros eran de suma importancia para nosotros. Sin embargo, los alumnos de hoy tienen una gran cantidad de formas de aprender, incluyendo no solo nuestros 'viejos' libros impresos en papel, debates y conferen-

[2] The Last Pre-Internet Generation (TLPIG) [N. de la E.].

cias, sino también vídeos, audiolibros, libros en línea, películas, presentaciones multimedia, mensajes de texto, Twitter, comunidades virtuales, etc. En la actualidad hay más de un billón de vídeos disponibles en línea. "El vídeo es el nuevo texto", dice un investigador.

Es fundamental que, en este momento y en esta época, los profesores no tengan el prejuicio de pensar en los libros como la única manera de aprender. Los docentes deben estar abiertos a nuevas formas de aprendizaje, y deben transmitir su apertura a sus alumnos –y no obligarlos a que se metan en una "camisa de fuerza" del pasado. "Dar la vuelta" a una clase utilizando el vídeo es una buena manera para que los profesores puedan mostrar a sus estudiantes este tipo de apertura.

"Dar la vuelta a la clase", como se describe en este libro, utiliza ráfagas cortas de vídeo (los autores explican cómo hacerlo de manera efectiva), que son percibidas por los alumnos de hoy, que prefieren obtener la información utilizando herramientas que reflejen su época, como un método pedagógico acorde con la realidad que les toca vivir. De hecho, este libro se podría trabajar fácilmente –y probablemente mejor– como una serie de vídeos. Pero muchos de los docentes de hoy pertenecen a la "generación del libro". A diferencia de sus estudiantes, ellos aprenden a utilizar las nuevas herramientas mediante la lectura.

## Demos más crédito a los alumnos

Al principio de esta obra, los autores escriben: "Estábamos sorprendidos de la falta de asombro de nuestros alumnos" al recibir su enseñanza a través de vídeos, y prescindir de las exposiciones en clase. Y más adelante afirman: "A menudo nos impresiona lo bien que nuestros estudiantes trabajan juntos y aprenden unos de otros".

En mi opinión, este tipo de comentarios, tanto por parte de los autores como de los docentes, son ejemplos de lo mucho que nosotros, los educadores, subestimamos las capacidades de nuestros estudiantes, y malinterpretamos sus necesidades y preferencias.

Los estudiantes de hoy cuentan con las herramientas más poderosas en la historia de la humanidad. Esto es verdad fuera del centro educativo y, cada vez en más lugares, también dentro del mismo. Aunque los chicos de hoy no lo saben todo, en su calidad de "nativos digitales" son muy conscientes de su capacidad para conectarse rápidamente, tanto con los recursos digitales como con la gente. Saben bien en qué tiempo viven, y no es el pasado, ni siquiera el pasado reciente de la generación "preinternet" de sus profesores. Cuando sus educadores solo usan modelos y métodos de enseñanza que ya se han superado, los estudiantes se sienten enormemente frustrados. Debemos permitirles que nos sorprendan con todo aquello que pueden hacer, en lugar de frenarlos con nuestros antiguos métodos.

Así que debemos adaptarnos, y eso significa dejar atrás gran parte del pasado.

## "Pasado-educación" vs. "futuro-educación"

Ya puedo oír a muchos lectores objetando como hacen en cualquier lugar: "Pero, ¡el pasado es importante! Si usted no entiende el pasado, ¡no podrá entender el futuro!".

Ciertamente, muchas cosas del pasado siguen siendo importantes y útiles para nosotros, pero también debemos entender que para los estudiantes de hoy es mucho menos importante conocer el pasado –sobre todo en sus detalles– de lo que lo era antes. Dedicar todo el tiempo al pasado deja poco o ningún tiempo para el futuro. Como el mundo cambia rápidamente, una actitud mejor que los docentes pueden adoptar es tener en cuenta lo que nos dice Shakespeare: "El pasado es el prólogo". Y el "prólogo" es solo lo que aparece antes del primer capítulo de la verdadera historia. "Debemos mostrar reverencia por el pasado, pero no vivir en él", afirma un observador del siglo XXI.

Centrarnos solo o de manera prioritaria en el pasado –tanto en la metodología como en el contenido– en realidad impide que nuestros estudiantes obtengan la verdadera preparación que necesitan para el futuro.

Este libro le ayudará a orientarse en la dirección correcta. Espero que ponga en práctica sus ideas y que piense en usted mismo como en un "futuro-educador".

## Volver a centrarse en los alumnos

Otro de los puntos importantes señalados por los autores de *Dale la vuelta a tu clase* es que su metodología forma parte de un movimiento general de la educación actual en el que el foco de atención del aula se centra en el alumno y no en el profesor (algunos llaman a esto "educación centrada en el alumno").

Como escriben los autores: "El aula (en la "clase al revés") gira alrededor de los estudiantes". La única característica unificadora de todas las "clases al revés", afirman, "es el deseo de redirigir la atención en el aula desde el profesor hacia los alumnos y el aprendizaje". "Hablamos con todos los chicos, en todas las clases, cada día", dicen los autores.

Esto es algo que casi todos nuestros estudiantes anhelan y que les ayuda a desarrollarse. Es un gran error, explican con claridad los autores, pensar que la fluidez que tienen los alumnos con la tecnología y su capacidad para utilizarla por sí mismos significa que ya no necesitan los elementos básicos que los profesores proporcionan. Los educadores siguen siendo cruciales. Pero en la actualidad lo que más necesitan los estudiantes de ellos no es "contenido", sino motivación, respeto, empatía y ayuda para descubrir y desarrollar sus propias pasiones personales. Y lo que los alumnos de hoy no quieren ni necesitan de sus profesores –y esta es la cuestión central del libro– es que les den conferencias en el aula.

## ¿Realmente el objetivo es "aprender"?

En *Dale la vuelta a tu clase*, como en casi todos los libros escritos para los profesores, el "aprendizaje" es una de las preocupaciones centrales. "Creemos que la clave está en que los alumnos identifiquen el aprendizaje como su objetivo –afirman Jonahtan y Sam– en lugar de batallar por terminar las tareas".

La mayoría de la gente estaría de acuerdo en que el simple hecho de "terminar las tareas" no es la meta de la educación. Pero por mucho que los educadores de hoy se centren en ello, no creo que el "aprendizaje" sea el verdadero objetivo ni de la educación ni de los estudiantes.

El auténtico objetivo de la educación es "llegar a ser": llegar a ser un pensador mejor, llegar a ser una persona más competente, llegar a ser más capaz de actuar, ser cada vez mejor para relacionarse con los demás, llegar a ser una buena persona. El aprendizaje es solo uno importante medio para alcanzar la meta de los estudiantes de llegar a ser quienes quieran ser –y quienes nosotros queramos que sean–.

Por desgracia, el aprendizaje no proporciona ninguna garantía de que los estudiantes lleguen a ser nada en concreto. Muchos alumnos "aprenden" bastante y sin embargo eso no es suficiente para que se conviertan en las personas que nos gustaría que fueran. Cuando eso sucede, nosotros, los docentes, hemos fallado, incluso si nuestros estudiantes obtienen las mejores calificaciones.

## La obtención de logros

Aunque el aprendizaje es sin duda uno de los grandes medios para llegar a ser, hay incluso un medio mejor, y es lograr hacer. Nuestros estudiantes no deberían "aprender ahora" para "lograr hacer después". Los dos aprendizajes deben ir de la mano en cada clase y en cada materia, y de este modo nuestros alumnos saldrán de nuestras clases y de nuestros centros educativos convertidos en personas mejores y más capaces.

"Dar la vuelta" a su clase ayuda en este proceso. Aunque una de las razones por las que los docentes "dan este giro" a sus aulas es para dedicar una mayor parte de su tiempo a ayudar a los estudiantes con dificultades, este método también otorga a los profesores la posibilidad de involucrar a los alumnos, durante el tiempo de clase que ya no se dedica a exponer, en los problemas y los logros del mundo real.

Este tipo de educación, "basada en la obtención de logros" -y no solo en el "aprendizaje"- es lo que los chicos de hoy realmente quieren y necesitan. Creo que en la educación del futuro, todos los alumnos saldrán de sus clases y de sus centros educativos no solo con más conocimientos o con mejores habilidades o calificaciones, incluso diplomas, sino más bien con un resumen de sus logros.

## Utilizar la tecnología en todo su potencial

En un corto espacio de tiempo, el método de "dar la vuelta a la clase" ha alcanzado una gran popularidad entre muchos docentes y alumnos. Esto es debido al cambio que propone para utilizar la tecnología en todo su potencial, y no solo para hacer un uso "trivial" de la misma (como escribir informes en el ordenador). Dar a la tecnología aplicaciones de gran alcance, que permitan a los estudiantes hacer cosas que no podían realizar antes, es lo que todos los educadores deberían estar buscando y poniendo en práctica.

Estos usos de la tecnología incluyen el empleo de Skype y los mensajes de texto que los alumnos intercambian (dentro y fuera de clase) con sus iguales y con expertos de todo el mundo, las simulaciones por ordenador, la visualización de datos, la programación, la utilización de bases de datos públicas y privadas, los motores de cálculo, la robótica, los mundos virtuales, los juegos complejos, la impresión en 3D, los controles de voz y muchas aplicaciones más.

Sin embargo, además del poder que la tecnología ofrece a nuestros estudiantes para hacer cosas nuevas y emocionantes, algunos ven el "poder" de la educación de otra forma. Algunos educadores que conozco perciben este cambio en la enseñanza y otras mejoras tecnológicas en términos de una "lucha de poder" entre los alumnos y los profesores. A medida que los estudiantes adquieren más "poder" dentro (y fuera) del aula a través de la tecnología, esos educadores tienen miedo a "perder" parte de su propio poder. Pero esto es, en mi opinión, una manera equivocada de entender dicho poder.

Sin duda el control de la tecnología otorga poder. Una vez que la clase da la vuelta, cualquier alumno puede iniciar, detener, poner en pausa y reproducir a voluntad las lecciones de sus docentes. Como los autores expresan, "dimos a los estudiantes el control (del mando a distancia)". Y sí, los estudiantes ya no tendrán que seguir siempre el ritmo del profesor, sino que podrán ir a su propio ritmo.

Pero el tipo de control al que deben renunciar los docentes *es un tipo equivocado de control que, en primer lugar, nunca debieron haber tenido.* Es el control, tal y como señalan los autores, del mundo industrial y de la fábrica. En lugar de verse a sí mismos como las personas que tienen a su cargo la labor de mejorar constantemente la máquina para que funcione mejor, se ven como los controladores que tienen miedo de que, si cambiamos una sola cosa, la máquina se detendrá para siempre.

En la actualidad ningún estudiante quiere este tipo de control, y lo acepta cada vez menos. Los jóvenes en el mundo de hoy tienen un enorme poder y control sobre sus propias vidas fuera del centro educativo. En su mundo de múltiples demandas en feroz competencia, su recurso más valioso es su atención, y ellos la dan solo cuando los otros se la ganan. Los actuales alumnos están dispuestos a renunciar a su control, y a compartir su propio poder, *solo* cuando claramente obtienen algo a cambio.

"Dar la vuelta a la clase" les proporciona algo a cambio: la capacidad para controlar cuándo y cómo quieren escuchar las exposiciones de sus profesores. Si un docente desperdicia el tiempo de los estudiantes en el aula con charlas que estos pueden seguir desde sus casas es probable que pierda a sus alumnos. Si, en lugar de eso, el profesor pasa el tiempo de la clase ayudando a los alumnos de forma individual, como los autores de *Dale la vuelta a la clase* recomiendan y muestran cómo hacer, es probable que la atención de muchos más estudiantes sea suya.

**Marc Prensky**
es educador, escritor, conferenciante y diseñador de juegos educativos.

# Presentación

Una típica fría, transparente y hermosa mañana de Colorado a finales de otoño de 2010, me encontraba conduciendo hacia Woodland Park, en las faldas de la montaña Pikes. Iba a observar a dos profesores de la Escuela Secundaria Woodland Park, a quienes ya "conocía" virtualmente, pero nunca había tenido la oportunidad de ver en persona.

Primero "conocí" de forma virtual a Jonathan Bergmann y Aaron Sams en algún momento del año 2007. Ya no recuerdo bien cuándo y en qué contexto, pero empecé a leer sobre el enfoque "al revés" que aplicaban en sus clases de Química. Yo fui profesor de Matemáticas y actualmente soy el director del área de Tecnología de mi Escuela Secundaria, así que lo que hacían tenía mucho que ver con mis esfuerzos por encontrar la mejor manera de usar la tecnología para satisfacer las necesidades de nuestros docentes y alumnos.

Comencé a leer y a observar más sobre este modelo, y hablé con Jon y Aaron en varios foros en línea para tratar de aprender más sobre las ventajas –y las desventajas– de este método. Desde el principio quedó claro que ellos no creían tener todas las respuestas. Eran muy directos con respecto a lo que les estaba funcionando y lo que no; qué aspectos de su enfoque les parecían verdaderamente sólidos y cuáles eran débiles, y se hacía preguntas constantemente para tratar de mejorarlos. En esta época de "remedios milagrosos" para la educación, esto fue alentador.

Finalmente, Brian Hatak, uno de los profesores de Química de mi centro educativo, decidió aplicar el método de "dar la vuelta a la clase", y empezamos a investigar juntos –con mucha ayuda, a larga distancia de Jon y Aaron– la mejor forma de hacerlo. (¡Cómo me hubiera gustado tener este libro en ese momento!). Al igual que sucedió con la experiencia de Jon y Aaron, aprendimos muchísimo tanto de nuestros éxitos como de nuestros fracasos.

Cuando, a finales de 2010, tuve que regresar al aula para hacerme cargo de algunos de los grupos de Álgebra, además de mis responsabilidades como director del área de Tecnología (debido a los recortes presupuestarios), ya tenía la seguridad de que quería aprender de sus experiencias y tratar de llevar a cabo mi propia versión de "dar la vuelta a la clase". Así que les pregunté si podría visitarlos y asistir a algunas de sus clases.

Aunque ningún libro es tan bueno como asistir a sus clases, no todos viven lo suficientemente cerca como para ir a verlos. Este libro es la segunda mejor opción.

Representa una ventana para asomarse a una "clase al revés" que guían dos docentes motivados por una sencilla pregunta: "¿Qué es lo mejor para los alumnos en mi aula?". A pesar de que se encontraban a gusto con su método de enseñanza tradicional, estaban convencidos de que podrían hacerlo mejor.

El enfoque de la "clase al revés", como todas las buenas ideas educativas, nace de las necesidades de sus alumnos. Este libro es una crónica de viaje de estos profesores, desde sus primeros intentos de "dar la vuelta" a sus aulas hasta las "mejores prácticas logradas hasta ahora", con su modelo actual de aprendizaje para el dominio de la "clase al revés".

Esta obra muestra la evolución de su manera de pensar. Los autores no solo comparten con nosotros lo que les salió bien, sino también todas aquellas iniciativas que finalmente decidieron que no constituían buenas prácticas. Quieren que aprendamos de sus errores para que podamos cometer nuestros propios errores, y finalmente compartir lo que hemos aprendido para mejorar el modelo entre todos.

Se trata tanto de una perspectiva pedagógica sobre la razón que los lleva a creer que el modelo educativo en el cual se le "da la vuelta" a la clase es bueno para los alumnos, como de un manual práctico que describe, paso a paso, cómo empezar y qué preguntas se deben tener en cuenta.

Jon y Aaron exponen cómo su modelo de la "clase al revés" ayuda a sus estudiantes a aprender mejor los contenidos, y también cómo los convierte en mejores aprendices. No solo obtienen buenas calificaciones en los exámenes, sino que comprenden realmente la Química a un nivel mucho más profundo.

Además describen la forma en que este modelo les ha permitido interactuar con mayor frecuencia con sus alumnos, cómo han desarrollado más y mejores relaciones con ellos y cómo pueden los alumnos personalizar su propio aprendizaje.

Los autores escribieron este libro, que contribuye a responder el porqué y el cómo, para quienes están interesados en aprender más sobre la manera de "dar la vuelta" a su clase. Le ayudara a saber si debe o no "dar la vuelta" a su clase (no todo el mundo tiene por qué hacerlo). Y, si decide seguir adelante, ahorrará muchas horas de trabajo tanto a sus alumnos como a usted. No va a ser fácil –enseñar nunca lo es–. Sin embargo, este libro le permitirá rápidamente ponerse al día sobre las posibilidades y los inconvenientes de "dar la vuelta a la clase".

¿"Dar la vuelta a la clase" es el mejor modelo para sus alumnos? Solo usted puede decidirlo, pero la presente obra constituye una ayuda de un valor incalculable para tomar esa decisión. Léalo, cuestiónelo, póngalo en práctica, mejórelo y comparta lo que haya aprendido. Eso es precisamente lo que han hecho Jon y Aaron con este libro.

**Karl Fisch**, septiembre de 2011,
Highlands Ranch, Colorado, Estados Unidos.

# Capítulo uno

## Nuestra historia: crear la "clase al revés"[3]

Enrique tiene problemas en sus estudios, que se han convertido en una lucha diaria, en particular en Matemáticas. Cada día su profesora se pone de pie delante del aula y les enseña los estándares curriculares de enseñanza. Además, utiliza lo último en tecnología: recibió una subvención para una pizarra interactiva que se supone que debe atraer la atención de los alumnos y lograr que aprender les resulte emocionante.

El problema de Enrique es que la profesora habla demasiado deprisa y no puede coger los apuntes con la rapidez suficiente. Cuando consigue tomar todos los apuntes de la clase, no entiende lo que quieren decir. Y cuando llega a casa para hacer su tarea, continúa luchando, porque lo que escribió en la clase durante la exposición de la profesora no parece tener relación con lo que se supone que debe hacer.

Y así, Enrique, un niño muy estudioso, tiene pocas opciones: puede llegar a la clase pronto y pedir ayuda a la profesora, puede llamar a un compañero con la esperanza de que haya entendido lo que esta explicó, puede copiar la tarea de un amigo o puede, simplemente, darse por vencido.

Janice practica vóleibol, baloncesto y atletismo en la Escuela Secundaria Eastside. Es una estudiante muy aplicada que siempre busca dar lo mejor de sí. Desgraciadamente, tiene una clase de Ciencias difícil cada día a última hora. Con frecuencia tiene que dejar la escuela pronto para ir a partidos y competiciones, y pierde muchas clases. Trata de seguir el ritmo, le resulta complicado porque ha faltado demasiado. A veces queda con su profesor antes de empezar la clase, pero con frecuencia él está demasiado ocupado para enseñarle individualmente todo lo que se ha perdido por no asistir.

Ashley ha pasado la mayor parte de su vida aprendiendo a "jugar a la escuela". Lleva diez años perfeccionando el arte de ajustarse a los requisitos que piden

[3] El título original del libro es *Flip your classroom; flip* significa "dar la vuelta", en este caso a la clase, que conforme a este modelo educativo quiere decir "transformar, modificar el sistema educativo tradicional". Usaremos básicamente la expresión "clase al revés" para referirnos a esta propuesta de enseñanza [N. de la T.].

sus profesores. Para ello se asegura de dominar cada detalle de los criterios de evaluación. En realidad nunca asimila los conceptos claves. Siempre saca nueves o dieces en sus clases, pero no porque haya comprendido las cosas sino porque cumple los criterios de evaluación. Sus calificaciones no reflejan con exactitud lo que realmente ha aprendido. Es probable que el centro educativo no esté atendiendo a Ashely de la manera adecuada.

Lamentablemente, estos escenarios son comunes a lo largo del país. Muchos estudiantes con dificultades y que de verdad quieren aprender, en lugar de hacerlo se retrasan en su aprendizaje. Algunos están tan ocupados que se pierden los conceptos claves. Y otros continúan aprendiendo cómo "jugar a la escuela", pero nunca llegan a asimilar los contenidos más importantes de sus clases.

La "clase al revés" puede orientar las necesidades de estudiantes como Enrique, Janice y Ashley, pues permite a los docentes personalizar la educación de sus alumnos. Usted puede hacer lo mismo; no importa si imparte clases de Matemáticas, Ciencias, Educación Física, Historia, alguna Lengua extranjera o cualquier otra materia. ¡Este libro le mostrará cómo hacerlo!

## Nuestros antecedentes

En 2006 ambos empezamos a dar clases en la Escuela Secundaria de la ciudad de Woodland Park, Colorado. Jonathan venía de Denver y Aaron del sur de California. Juntos constituimos el Departamento de Química de nuestra escuela de 950 alumnos.

A medida que nos fuimos haciendo amigos, nos dimos cuenta de que teníamos ideas acerca de la educación muy parecidas. Para hacer más fáciles nuestras vidas, empezamos a planificar juntos nuestras clases de Química, y para ganar tiempo nos repartimos gran parte del trabajo. Aaron arreglaba el laboratorio un día y Jonathan lo hacía al día siguiente. Aaron escribía el primer examen, y Jonathan el siguiente.

Enseguida advertimos el problema de enseñar en una escuela situada en un entorno prácticamente rural: que muchos estudiantes pierden buena parte de sus clases porque practican deportes y otras actividades. Los centros educativos "cercanos" realmente no lo son tanto. Los alumnos pasan una buena cantidad de tiempo viajando en un autobús, yendo y viniendo a distintas actividades. Así, algunos alumnos se perdían nuestras clases y se esforzaban por seguir comprendiéndolas.

Y, entonces, un buen día nuestro mundo cambió. Aaron dio con una revista de Tecnología y le mostró a Jonathan un artículo sobre una aplicación que podía grabar una presentación de PowerPoint, incluyendo voz y cualquier nota, y luego convertirla en un archivo de vídeo para ser distribuido fácilmente en línea.

YouTube estaba justo empezando, y por tanto el mundo del vídeo en línea se encontraba en su infancia. Pero cuando hablamos sobre las posibilidades de esta aplicación, nos dimos cuenta de que podía ser una forma de evitar que los alumnos que se perdían nuestras clases también se perdieran nuestra enseñanza. Así que, en el verano de 2007, comenzamos a grabar nuestras sesiones usando un programa de captura de pantalla y las subimos a la red para que los alumnos pudieran acceder a ellas.

Para ser honestos, grabamos nuestras clases por egoísmo. Perdíamos una cantidad desmesurada de tiempo volviendo a enseñar lecciones a los alumnos que habían perdido clases, y las sesiones grabadas se convirtieron en nuestra línea de defensa. La conversación habitual era más o menos como sigue:

*Alumno: M. Sams, no estuve en la clase pasada. ¿Qué me perdí?*

*M. Sams: Te diré qué, entra a mi sitio web, ve el vídeo que he subido y, ven a verme con cualquier pregunta que tengas.*

*Alumno: De acuerdo.*

Nuestros alumnos ausentes adoraban las clases grabadas. Los que faltaban a una clase podían aprender lo que se habían perdido. Algunos estudiantes que habían estado en la clase y habían escuchado nuestra exposición empezaron a ver los vídeos. Otros los veían cuando estaban repasando para los exámenes. Y a nosotros esto nos encantaba porque no teníamos que pasar tiempo después de la escuela, a la hora de comer o durante nuestro tiempo dedicado a la planificación de las clases, poniendo a los alumnos al día.

Nunca hubiéramos imaginado las repercusiones que tendría el poner las lecciones en línea: los correos electrónicos comenzaron a llegar. Como nuestros vídeos estaban en internet, nos escribieron profesores y estudiantes de todo el mundo para darnos las gracias por haberlos subido. Otros alumnos que, como los nuestros, siempre habían tenido dificultades con la Química, descubrieron los vídeos y empezaron a usarlos para aprender.

Participamos en varios foros de Química en línea para profesores y empezamos a compartir en ellos los enlaces de nuestras clases grabadas. Docentes de todo el país prestaron atención a nuestro trabajo. Los profesores de Química comenzaron a usar nuestras exposiciones en vídeo como apoyo para los profesores suplentes, y algunos docentes nuevos los usaron para aprender cómo enseñar a sus alumnos ciertos temas de Química. En definitiva, nos pareció extraordinario que lo que estábamos haciendo en nuestro pequeño pueblo tuviera repercusiones en todo el país.

## Nace la "clase al revés"

En nuestros 37 años de enseñanza, a menudo nos habíamos sentido frustrados cuando los estudiantes no eran capaces de traducir el contenido de nuestras lecciones en información útil que les permitiera realizar su tarea.

Pero un día Aaron tuvo una intuición que cambiaría por completo nuestro mundo. Fue una sencilla observación: "El momento en que los alumnos necesitan que esté físicamente presente con ellos es cuando se atascan en un tema y necesitan mi ayuda personal. No me necesitan en el aula con ellos para darles contenidos; los contenidos lo pueden recibir por su cuenta".

Luego se preguntó lo siguiente: "¿Qué pasaría si grabáramos todas nuestras exposiciones, los alumnos vieran el vídeo como 'tarea' y luego dedicáramos todo el tiempo de la clase a ayudarlos con los conceptos que no entienden?".

De este modo nació nuestra "clase al revés". Nos propusimos grabar todas nuestras lecciones de Química y de Química Avanzada durante el año escolar 2007-2008. Para hacernos las cosas más fáciles, uno de nosotros desarrollaba la Unidad 1 de Química y el otro, la Unidad 1 de Química Avanzada. Luego intercambiábamos la siguiente. Esto significó madrugar muchas mañanas para Jonathan, el madrugador, y trasnochar muchas veces, para Aaron, el más trasnochador de nuestro dúo.

Nuestros estudiantes tienen horario extendido, lo que significa que los vemos durante 95 minutos cada día. Cada tarde, nuestros alumnos ven uno de nuestros vídeos como tarea para casa y toman notas sobre lo que han aprendido. Como impartimos cursos de Ciencias, seguimos haciendo los mismos experimentos de laboratorio de siempre. Descubrimos que teníamos más tiempo tanto para el laboratorio como para resolver problemas.

De hecho, por primera vez en nuestras carreras logramos finalizar las actividades que debían realizar los estudiantes durante el curso. Los alumnos terminaban todo su trabajo y todavía nos sobraban veinte minutos de clase. Claramente, este modelo era más eficiente que exponer y asignar tareas.

También decidimos aplicar los mismos exámenes de fin de unidad que habíamos usado el año anterior. Comentaremos los detalles en el capítulo siguiente, pero, en resumen, nuestros alumnos aprendieron más y teníamos algunos datos preliminares que indicaban que la clase al revés era un modelo mejor que el enfoque tradicional.

Usamos el modelo "al revés" durante un año y nos sentimos muy contentos con la forma en que nuestros alumnos estaban aprendiendo. Teníamos evidencias de que nuestro modelo funcionaba y era mejor para los chicos. Seguramente usted piensa que nos dedicamos a perfeccionar este modelo y seguimos enseñando del mismo modo, pero se equivoca, al menos en parte. Más adelante le comentaremos algo a este respecto.

Antes de que sigamos contando cómo surgió este método es conveniente mencionar algunos hechos importantes:

- Antes del cambio, no dedicábamos toda nuestra clase a exponer; sino que siempre habíamos incluido aprendizajes y proyectos basados en la investigación.

- No fuimos los docentes pioneros en el uso de vídeos tutoriales en el aula como herramienta de enseñanza, pero estuvimos entre los primeros que adoptamos y defendimos esta herramienta, y para nosotros la "clase al revés" no hubiera sido posible sin estos vídeos. Sin embargo, hay docentes que usan muchos de los conceptos que va a encontrar en este libro y que trabajan con este método, pero no usan vídeos como herramienta de enseñanza.
- A nosotros no se nos ocurrió la expresión "clase al revés"; en realidad no le pertenece a nadie. Aunque se ha hecho popular gracias a diferentes medios y parece estar ya asentada en el ámbito educativo, la "clase al revés" no existe como tal.

## Cómo ayuda a la personalización "dar la vuelta" a la clase

"Dar la vuelta" a la clase establece una estructura con la cual se asegura que los alumnos reciben una educación personalizada, diseñada a la medida de sus necesidades individuales. ¿Recuerda a Enrique, Janice y Ashley, cuyas historias le contamos al principio? Ellos representan a los estudiantes con dificultades, a los alumnos demasiado ocupados y a los que se las arreglan con una educación superficial. Se espera que los profesores encuentren alguna manera de atender a estos estudiantes, cada uno de ellos con sus diferentes necesidades. Se propone como solución personalizar la educación.

El movimiento hacia la personalización tiene mucho mérito, pero a un solo docente le resulta muy difícil personalizar la educación de 150 alumnos, y no suele funcionar en los entornos educativos tradicionales. El modelo actual de educación es un reflejo de la época en la que se diseñó: la Revolución Industrial. Los estudiantes son educados en una especie de línea de producción para hacer eficiente su estandarizada educación. Se les pide que se sienten en filas muy ordenadas, que escuchen lo que un "experto" expone sobre un tema y que recuerden la información aprendida cuando se enfrentan a un examen.

De algún modo, en este entorno, se espera que todos los estudiantes reciban la misma educación. La debilidad del enfoque tradicional es que no todos los alumnos llegan al aula preparados para aprender. A algunos les falta la formación previa adecuada para comprender el material, no les interesa el tema o, simplemente, están desencantados con el modelo educativo actual.

Durante casi una década, a los docentes se les ha dicho que deben dar una educación personalizada, y la mayoría cree que esta es una buena meta para llegar a cada alumno. Sin embargo, personalizar la educación de 150 estudiantes diferentes cada día requiere una logística fuera del alcance de los docentes. ¿Cómo puede personalizar un solo profesor la educación de tantos estudiantes? ¿Cómo puede asegurarse de que cada uno de los alumnos aprende, cuando hay tantas metas y objetivos que alcanzar?

La personalización resulta abrumadora para la mayor parte de los educadores, de modo que terminan adoptando el enfoque educativo del "café para todos": presentar tantos contenidos como puedan en el tiempo que tienen, y esperar que lleguen a tantos alumnos como sea posible –y que además aprendan–.

Cuando empezamos a "dar la vuelta" a nuestras clases, pronto nos dimos cuenta de que existía una estructura que de verdad permitía a los docentes personalizar la educación de cada alumno, que ha sido el principal objetivo de los educadores desde que apareció el concepto de aprendizaje individualizado.

Cuando presentamos nuestro modelo de la "clase al revés" a educadores de todo el mundo, muchos nos dijeron: "Esto se puede reproducir, escalar y personalizar, y a los docentes les resultará fácil de entender".

Tal vez usted ya se haya dado cuenta de que existen algunas similitudes entre la "clase al revés" y otros modelos educativos como el aprendizaje semipresencial, la enseñanza invertida, el aula invertida y el salón 24/7. Todos estos enfoques tienen rasgos parecidos y en ciertos contextos pueden resultar intercambiables.

## La "clase al revés" crece

Cuando empezamos este viaje no teníamos ni idea de que lo que estábamos haciendo iba a ir más allá de nuestro recinto educativo, pero un buen día recibimos un correo electrónico de una zona escolar vecina en el que nos pedían que fuéramos a hablarles sobre el modelo de la "clase al revés". ¡Hasta nos iban a pagar! Así que hicimos nuestras maletas y fuimos hacia Cañon City, en Colorado.

A casi todos los profesores nos ha tocado recibir cursos de capacitación en los que el director del centro o el inspector de zona lleva a unos "expertos", alguien de fuera de la ciudad que muestra un PowerPoint. Ahora nosotros éramos esos expertos. Cuando empezamos, casi todos los docentes se sentaron a mirarnos con una expresión fría, como si estuvieran desafiando a "ese par de bobos" a que dijeran algo interesante.

Comenzamos a contarles nuestra historia, y pronto empezaron a enderezarse en sus asientos, a hacer preguntas y a mostrar un auténtico interés por el modelo de enseñanza expuesto. Y luego, cuando los dividimos en grupos para planificar cómo hacer sus propios vídeos, nos dimos cuenta de que nos habíamos encontrado con algo que era mucho más grande que nosotros.

Un profesor muy experimentado nos contó que nuestra presentación y nuestro taller habían sido el curso de capacitación más valioso al que había asistido en sus veintiséis años de experiencia docente. No sabemos si este comentario tenía que ver con nuestras habilidades como comunicadores o con la sencillez y la facilidad con que se reproduce el modelo que presentamos.

Una semana después, el asistente del director entró a nuestra clase y nos preguntó: ¿Estáis esperando a alguien del Canal 11? Para nuestra sorpresa, el reportero especializado en temas de educación de esa emisora de noticias había oído hablar sobre nosotros y decidió presentarse en nuestra puerta. Realizó un pequeño reportaje sobre lo que estábamos haciendo y, como suele decirse, el resto ya es historia.

Empezamos a recibir invitaciones para dar conferencias, para formar a docentes en centros educativos y hasta en universidades, y para hablar sobre el modelo de la "clase al revés" en Estados Unidos, Canadá y Europa.

## Surge el modelo de aprendizaje para el dominio de la "clase al revés"

Un día, mientras hablábamos con algunos alumnos, nuestro mundo sufrió una sacudida. Al final de cada año solemos dar a los alumnos un proyecto completo, en el cual les pedimos que analicen una sustancia que haya en su casa y que determinen alguna propiedad cuantitativa de la misma. El año que pusimos en práctica el modelo de la "clase al revés" se suponía que los estudiantes tenían que analizar un refresco y determinar el porcentaje de ácido fosfórico que había en la bebida.

Llevábamos años realizando el mismo proyecto y esperábamos que este grupo, el primero que había aprendido con el modelo de la "clase al revés", estableciera un nuevo estándar de resultados. Cuando los alumnos terminaban el proyecto, cada uno tenía una entrevista con nosotros, durante la cual le hacíamos algunas preguntas conceptuales que buscaban llegar al núcleo de lo que deberían haber aprendido en sus clases de Química.

Sin embargo, nos sorprendió y nos desilusionó darnos cuenta de que, aunque este grupo de alumnos se había desenvuelto mejor en los exámenes con respecto a los grupos anteriores, por algunas de sus respuestas durante la entrevista daban la impresión de que solo habían aprendido para el examen y que no dominaban los conceptos esenciales que deben aprender todos los estudiantes de la clase de Química.

Reflexionamos sobre el asunto y llegamos a la conclusión de que, pese a nuestros esfuerzos por satisfacer las necesidades de todos los alumnos, seguíamos motivando a los estudiantes para que cumplieran con todo el programa de la materia sin importar si estaban listos para hacerlo. Empezamos a preguntarnos si podíamos establecer una "clase al revés" que también tuviera algunos elementos de un entorno de aprendizaje para el dominio de un tema o contenido, en el que los alumnos logran una serie de objetivos a su propio ritmo.

Lo que hablamos fue más o menos esto: en el modelo tradicional "al revés" (¡suena raro decir que hay un modelo "tradicional" y "al revés"!) todos los alumnos ven el mismo vídeo el mismo día. Luego, en la clase, todos realizan la misma actividad o el mismo trabajo de laboratorio, pero si ahora tenemos una videoteca de materiales educativos, ¿por qué todos los estudiantes tenían que ver el mismo tema a la vez?

Otra cosa que nos hizo pensar sobre el modelo de aprendizaje de la "clase al revés" surgió cuando una alumna extranjera de intercambio se inscribió en la clase de Jonathan. Los asesores le comentaron si podía recibirla en su clase de Química a principios del segundo semestre. Cuando Jonathan preguntó si esta alumna había recibido clases de Química, le dijeron que no tenía formación previa en la materia.

Antes de que hiciéramos nuestros vídeos, no había forma de incluir en la clase a un alumno con estas características a mitad de curso, pero Jonathan se dio cuenta de que tenía toda una videoteca de vídeos sobre Química. La alumna nueva podía trabajar con este material a su propio ritmo, así que la aceptó en su clase.

Ella comenzó en la primera unidad y avanzó en el programa de Química. En nuestro curso tenemos diez unidades que cubren todo el año. La alumna extranjera terminó ocho en un semestre. Al observar su trabajo, empezamos a pensar en un sistema en el cual todos los estudiantes pudieran trabajar con el material, así como conocer y dominar el contenido a su propio ritmo.

Nuestro objetivo último era que todos los alumnos aprendieran Química de verdad. Nos preguntamos si podíamos diseñar un sistema en el que avanzaran en el curso a medida que fueran dominando los temas. Nadie nos entrenó para poner en práctica un método de aprendizaje para el dominio de un tema, así que tardamos un poco en descubrir que este tipo de enseñanza tenía una larga historia. Se ha investigado mucho sobre cómo poner en práctica un sistema de este tipo, pero nosotros no consultamos la bibliografía ni realizamos investigación alguna; simplemente nos lanzamos a hacerlo.

El primer año enseñando con el modelo de aprendizaje de la "clase al revés" fue un período en el que tuvimos una empinada curva de aprendizaje. Cometimos muchos errores. Al final del año nos preguntamos si debíamos seguir, pero ambos nos dimos cuenta de que ya no podíamos dar marcha atrás. Habíamos visto cómo nuestros alumnos aprendían Química mejor que antes, y estábamos convencidos de que el modelo funcionaba. Nuestro método estaba cambiando las habilidades de los alumnos para convertirlos en estudiantes "autodirigidos".

## ¿Está preparado para la "clase al revés"?

A estas alturas, usted ya se habrá dado cuenta de que tenemos una gran tolerancia al cambio. Estamos dispuestos a intentar casi cualquier cosa si creemos que va a ser útil para nuestros alumnos. Y, por suerte, hemos tomado muchas buenas decisiones en el camino, aunque también hemos cometido muchos errores. Tenemos la esperanza de que si decide poner en práctica el modelo de la "clase al revés", e incluso dominarlo, aprenderá de nuestros errores y será capaz de mejorar nuestro modelo.

También esperamos que conforme lea los contenidos de este libro compruebe que no hay una sola manera de "dar vuelta" a su clase: la "clase al revés" no existe como tal. No existe ninguna metodología específica que deba reproducir; tampoco hay una lista de tareas que pueda seguir para garantizar los buenos resultados. "Dar la vuelta" a la clase tiene que ver más con un problema de mentalidad: la idea es redirigir la atención, quitársela al profesor y ponerla en el alumno y su aprendizaje.

Todos los docentes que han decidido adoptar la "clase al revés" han hecho algo diferente. Es más, aunque desarrollamos juntos la idea y trabajamos puerta con puerta, la clase de Jonathan es distinta a la mía. Y, aunque tenemos muchas cosas en común, nuestras personalidades y nuestros estilos de enseñanza se pueden diferenciar por las particularidades de cada estilo personal.

Este libro es breve a propósito: quisimos que fuera así para que pudiera leerse de una sentada o durante un fin de semana, como mucho. Su estructura es muy sencilla: primero el concepto de la "clase al revés", luego el modelo de aprendizaje para el dominio de la "clase al revés", y al final una sección de preguntas frecuentes y una conclusión.

Tratamos de responder qué, por qué y cómo poner en práctica cada uno de los modelos. El libro también está salpicado de anécdotas y citas de otros educadores de todo el mundo que, de un modo u otro, han "dado la vuelta" a su clase.

# Capítulo dos

# La "clase al revés"

En este momento ya debe de tener una idea de qué significa el modelo de la "clase al revés", pero seguro que se está preguntando qué es exactamente lo que se "pone al revés" en el aula. En esencia, el modelo de la "clase al revés" es hacer en casa lo que tradicionalmente se hace en el aula, y lo que lo que comúnmente se hace en casa como deberes, se realiza en el aula. Pero, como podrá comprobar más adelante, la "clase al revés" consiste en algo más.

Siempre nos preguntan cómo es un día cualquiera en una de estas aulas. Básicamente, comenzamos cada día con unos minutos de discusión sobre el vídeo que vieron en su casa el día anterior. Uno de los inconvenientes de este modelo es que los alumnos no pueden preguntar de inmediato acerca de las cosas que se les ocurren, como sucedería si les enseñáramos el tema de forma presencial.

Para solucionar este problema, al principio del año solemos pasar algún tiempo entrenando a los alumnos para que puedan ver los vídeos de forma efectiva. Les pedimos que apaguen los *iPods*, los teléfonos móviles y otros distractores, mientras ven el vídeo. Luego les decimos que ya tienen la capacidad para "poner en pausa" y "rebobinar" a su profesor. Les pedimos que usen el botón de pausa tanto como quieran para que puedan anotar los puntos claves de la lección. Además, les enseñamos el método de Cornell para tomar apuntes, que consiste en escribir, registrar sus preguntas y resumir lo que van aprendiendo.

Los alumnos que adoptan este modelo para tomar apuntes suelen llegar a la clase con preguntas apropiadas y nos ayudan a aclarar sus dudas. También usamos estas preguntas para evaluar si nuestros vídeos son efectivos. Si todos los estudiantes tienen preguntas parecidas, nos queda claro que no hemos enseñado bien ese tema, por lo que debemos volver a hacer o corregir ese vídeo en particular.

Después de responder las primeras preguntas, pedimos a los alumnos que realicen una tarea para la clase. Puede ser un trabajo de laboratorio, un proyecto de investigación, una actividad dirigida a la solución de problemas, o un examen. Debido a que tenemos bloques con horarios extendidos de 95 minutos cada uno, los estudiantes suelen hacer más de una tarea por clase.

Todavía calificamos las tareas, los trabajos de laboratorio y los exámenes igual que cuando trabajábamos con el método tradicional, pero el papel del docente en el aula ha cambiado drásticamente. Ya no somos los que presentamos la información; por el contrario, hemos adoptado el papel de asesores. El cambio que ha experimentado el docente ha sido muy bien descrito por Shari Kendrick, un profesor de San Antonio que ha aplicado nuestro modelo: "No debo ir a la escuela y hacer la misma presentación cinco veces al día. En cambio, paso los días interactuando con mis alumnos y ayudándoles".

Uno de los enormes beneficios de "dar la vuelta" a la clase es que los estudiantes a los que más les cuesta la clase son los que reciben más ayuda. Nos pasamos el tiempo caminando por el aula y ayudando a los alumnos con los conceptos que les resultan difíciles.

En el modelo tradicional, los estudiantes llegaban a la clase confundidos por algunos de los problemas que se habían llevado de tarea el día anterior. Por lo general, pasábamos los primeros 25 minutos haciendo una actividad de recordatorio o calentamiento y repasando los problemas que no habían entendido. Luego presentábamos nuevos contenidos durante 30 o 45 minutos, y el resto de la clase se dedicaba a trabajo individual o de laboratorio.

En este diferente modelo de aprendizaje de la "clase al revés", el uso del tiempo está totalmente restructurado. Los alumnos aún tienen que formular preguntas sobre lo que vieron en vídeo, así que, generalmente, respondemos a estas cuestiones durante los primeros minutos de la clase. Esto nos ayuda a aclarar confusiones antes de que practiquen y apliquen los conocimientos de forma incorrecta. El resto del tiempo se dedica a actividades prácticas más prolongadas o a la resolución dirigida de problemas.

| Clase tradicional | | "Clase al revés" | |
|---|---|---|---|
| **Actividades** | **Tiempos** | **Actividades** | **Tiempos** |
| Actividad de calentamiento | 5 minutos | Actividad de calentamiento | 5 minutos |
| Repaso de la tarea del día anterior | 20 minutos | Preguntas y respuestas sobre el vídeo | 10 minutos |
| Exposición de nuevos contenidos | 30-45 minutos | Práctica guiada e independiente, o actividad de laboratorio | 75 minutos |
| Práctica guiada e independiente, o actividad de laboratorio | 20-35 minutos | | |

*Comparación del uso de los tiempos en el aula entre la clase tradicional y la "clase al revés".*

Pasamos a analizar ahora una unidad de la clase avanzada de Química de Aaron como ejemplo de cómo ha cambiado el papel del profesor.

La clase de Química Avanzada de Aaron comienza la tarde anterior en casa de cada alumno. A los estudiantes no se les pide que resuelvan problemas o lean el libro de texto, sino que vean el vídeo de la clase. Todos los alumnos ven el vídeo (en el *iPod*, el ordenador o la televisión) en el que Aaron y yo explicamos el material que van a desarrollar en la clase del día siguiente.

Empieza la clase. Aaron pasa lista rápidamente y da paso a una sesión de preguntas y respuestas. Los estudiantes hacen preguntas sobre el vídeo de la tarde anterior, y les ayuda a aclarar sus dudas. Después de unos diez minutos, Aaron indica a los alumnos que saquen su batería de problemas para practicar, muchos de los cuales tienen una estructura parecida al tipo de cuestiones que aparecerán en el examen.

Trabaja con la clase algunos ejemplos que reflejan el contenido que los alumnos han aprendido la tarde anterior, responde las preguntas planteadas y llega la hora de trabajar. Los alumnos terminan los problemas restantes, mientras Aaron camina por el aula y ayuda a los que tienen alguna duda. Además, los alumnos tienen a su disposición un solucionario, por si quieren revisar su trabajo.

En los días en los que se trabaja en el laboratorio no se permite revisar ningún vídeo. En cambio, los alumnos realizan en casa una actividad de prelaboratorio. En la clase, Aaron responde a todas las preguntas pertinentes sobre el laboratorio y expone las cuestiones referentes a la seguridad. Luego los alumnos empiezan a trabajar en el experimento.

En un modelo tradicional, los cálculos y los debates suelen dejarse como tarea después del laboratorio, pero en el modelo de la "clase al revés" lo que se deja de tarea es el vídeo que sigue, y a los estudiantes se les da tiempo en la clase del día siguiente para terminar la actividad de laboratorio. Esto permite a Aaron responder a preguntas específicas sobre lo realizado en el laboratorio y ayudar a los alumnos a los que les cuesta trabajo hacer los cálculos, así como comentar en clase los datos que se han obtenido.

Cuando llega el día del examen, todos los alumnos lo llevan a cabo a la vez, y se hacen los comentarios oportunos para despejar las dudas que pudieran presentarse. Todos los alumnos tienen que terminar los temas del programa de la materia para finales del mes de abril, porque deben empezar a prepararse para el examen avanzado que presentarán en mayo. De esta manera trabajan al mismo ritmo con el fin de estar preparados para dicha evaluación en la fecha indicada.

Resulta claro que la clase gira alrededor de los estudiantes, y no del docente. Los alumnos son los responsables de ver los vídeos y de formular las preguntas adecuadas. El profesor solo está ahí para darles la retroalimentación de un experto. Los estudiantes son por tanto los responsables de completar y compartir su trabajo.

Debido a que cuentan con una guía, los estudiantes están motivados para aprender de verdad, no solo para completar las tareas de forma automática. Son los responsables de aprovechar al máximo al experto que se encuentra en el aula para que los ayude a entender los conceptos. Así, el papel del profesor en la clase es ayudar a los alumnos, no únicamente proporcionarles información.

> *Enseñar con un modelo tradicional desgasta mucho. Siempre siento que tengo que hacer una "representación" que requiere energía, entusiasmo y un continuo esfuerzo por estar "en el escenario". El año pasado, cuando iba al trabajo, pensaba: "Uf, cómo me gustaría ser hoy un alumno. Me encantaría ir y dejar que alguien más hiciera todo el trabajo; estar, por una vez, en el asiento del pasajero".*
>
> *Cuando cambié de modelo me sentí libre. Ahora sí podía ver cómo trabajaban mis alumnos; esto no quiere decir que me sentara cómodamente a tomar café, sino que pasaba el tiempo interactuando cara a cara, trabajando con los chicos a los que les costaba trabajo aprender, respondiendo a las preguntas de los estudiantes para las que antes simplemente no tenía tiempo, y aprendiendo a conocer de verdad a mis alumnos.*
>
> *Lo que sucedió es que la responsabilidad de aprender cambió de manos. ¿Y sabes qué? Así tenía que ser. No puedo obligar a nadie a que aprenda; tienen que asumir solos esa responsabilidad. Este método les ayuda a darse cuenta de eso, y también les ofrece un entorno estructurado que les asegura el éxito.*

**Jennifer Douglas,**
Escuela Secundaria de Westside, Macon, Georgia.

# Capítulo tres

# ¿Por qué “dar la vuelta” a su clase?

El método de “dar la vuelta” a la clase transformó por completo nuestra práctica docente. Ya no nos colocamos frente a nuestros alumnos y les hablamos entre 30 y 60 minutos por clase. Este cambio radical nos ha permitido adoptar un papel distinto con ellos.

Ambos habíamos enseñado durante muchos años con un formato de exposición. Ambos éramos buenos educadores. Jonathan recibió el premio Presidencial de Excelencia en la Enseñanza de las Matemáticas y las Ciencias cuando era un “ponente” de clases, y yo recibí el mismo premio con el modelo de la “clase al revés”. Pero cuando pensamos en el pasado, sentimos que nunca podríamos volver a enseñar en la forma tradicional.

La “clase al revés” no solo ha cambiado nuestras propias clases. En todo el mundo hay profesores que han adoptado el modelo y que lo están usando para dar clase en todas las áreas curriculares y en los niveles preescolar, básico y medio, e incluso a los adultos. Ya hemos visto cómo poner la “clase al revés” puede cambiar la vida de los estudiantes. En este capítulo queremos subrayar las razones por las que usted debería considerar la idea de “darle la vuelta” a su clase.

> *No se me ocurre ninguna buena razón para regresar al método tradicional de exposición. Tengo que dar tantas clases diferentes este año que no he podido usar el método de vídeo/aprendizaje para el dominio en mi curso de Ciencias Forenses. Ahora odio dar esa clase, porque ahora odio exponer.*
>
> **Brett Wilie,**
> First Baptist Academy, Dallas, Texas.

## Habla el mismo idioma que los alumnos

Los actuales alumnos han crecido con acceso a internet, YouTube, Facebook, MySpace y con otros muchos recursos digitales. No es raro verlos hacer su tarea de

Matemáticas, mientras mandan mensajes de texto a sus amigos, chatean en Facebook y escuchan música, todo al mismo tiempo.

Muchos de estos alumnos cuentan que cuando llegan a su centro educativo tienen que apagar todo y bajar su ritmo, porque en las escuelas se prohíben los teléfonos móviles, los *iPods* y todos los demás dispositivos digitales. Lo triste es que la mayoría de los estudiantes llevan en sus bolsillos un ordenador más poderoso que la mayor parte de los que se pueden encontrar en nuestros centros educativos, siempre escasos de presupuesto, y resulta que no los dejamos que los usen.

Cuando presentamos a los docentes la "clase al revés", muchas veces provocamos reacciones "¡Oh, ah!" de asombro entre nuestro público, que básicamente está conformado por adultos que no han crecido con el mundo digital siempre a mano.

Y cuando empezamos a "dar la vuelta" a las cosas nos sorprendió mucho la falta de asombro de nuestros alumnos. Tras unas dos semanas de ver los vídeos, los chicos se acostumbraron a aprender así, y la novedad del método desapareció. Estos chicos entienden en qué consiste el aprendizaje digital: para ellos no estamos haciendo otra cosa que hablar su idioma. Con ello no estamos diciendo que no les guste aprender así, sino solo que la enseñanza por medio de vídeos no es ninguna sorpresa para los alumnos de hoy día.

Una de las preocupaciones fundamentales de los adultos es que incrementemos el tiempo que los alumnos pasan frente a la pantalla de un ordenador, y que esto agrave la relación que ellos tienen con los jóvenes. A esto respondemos que nos estamos introduciendo en la cultura digital y del vídeo, no luchando contra ella. ¿No es hora ya de que aceptemos el aprendizaje digital y lo usemos para ayudar a nuestros alumnos a aprender, en vez de decirles que no pueden aprender con las herramientas que tenemos hoy?

Nos parece increíble que algunos centros educativos no hayan aceptado aún este cambio. Si entraran en nuestras aulas, podrían ver que los alumnos desarrollan diversas actividades con ayuda de distintos aparatos digitales. Trabajan con nuestros (obsoletos) ordenadores de clase, usan sus *iPods*, estudian juntos, y experimentan e interactúan con nosotros. Animamos a los estudiantes a que traigan sus propios equipos electrónicos porque, honestamente, son mejores que la anticuada tecnología de algunos centros educativos.

**Razones equivocadas para "dar la vuelta" a su clase**

- Porque unos expertos a los que les publicaron un libro le dijeron que tenía que hacerlo.
  Nos sentimos honrados de que le interese lo que le contamos, pero no adopte ninguna estrategia de enseñanza sin pensarlo muy bien antes.
- Porque piensa que así creará una clase del siglo XXI.
  La pedagogía siempre debe dirigir la tecnología, y no al revés.
- Porque cree que estará a la vanguardia de las tendencias.
  La "clase al revés" no siempre usa lo último en tecnología.
- Porque considera que "dar la vuelta" a la clase le exime de ser un buen profesor.
  Enseñar es mucho más que transmitir buenos contenidos.
- Porque cree que le va a facilitar su trabajo.
  "Dar la vuelta" a la clase no va a hacer más fácil su trabajo.

## Ayuda a los alumnos muy ocupados

En la actualidad, los alumnos están muy ocupados. Muchos tienen demasiadas actividades y casi no les queda tiempo para ir de una a otra, así que nuestros estudiantes agradecen la flexibilidad de la "clase al revés". Como los contenidos se distribuyen mediante vídeos en línea, ellos pueden decidir si les conviene adelantar el trabajo.

Jonathan tuvo una alumna que era gimnasta profesional y a menudo debía asistir a las convocatorias deportivas fuera del estado. Cuando acudía a las competiciones, se perdía la mayoría de lo que se enseñaba en clase. Pero como sus clases de Ciencias eran "al revés", no se saltaba ninguno de los contenidos: cuando sabía que estaba próxima una competición, adelantaba el trabajo y los temas del programa, y al regresar, tenía algunas clases menos por las cuales preocuparse.

Yo tengo un alumno que está muy involucrado en el Consejo escolar. Este año decidió adelantar el trabajo antes de que llegara la reunión de antiguos alumnos: avanzó en sus clases y, cuando llegó la semana del encuentro, usó las horas de mi clase para hacer las actividades relacionadas con su reunión.

Estos dos alumnos no solo aprendieron a "dar la vuelta al sistema", también aprendieron algunas valiosas lecciones sobre el manejo de su tiempo. Nada de esto serviría en una clase tradicional, pero "dar la vuelta" a la clase les brinda una gran flexibilidad que les ayuda a aprovechar mejor su tiempo para sus múltiples ocupaciones.

*Tenemos alumnos que vienen de muy lejos (algunos viajan una hora y media en el metro todos los días para llegar al centro educativo), y la "clase al revés" les permite trabajar en la clase de Química cuando quieren. Muchos de mis alumnos también participan en varias actividades deportivas, así que los atletas ya no se pierden las clases, y a largo plazo, esto nos ayuda a todos.*

**Brian Bennett,**
escuela internacional en Seúl, Corea del Sur.

## Apoya a los alumnos con problemas

Cuando enseñamos con el método tradicional, los alumnos que tienden a recibir más atención son los mejores y los más brillantes, los que levantan primero la mano y los que plantean buenas preguntas. El resto de los estudiantes, mientras tanto, escucha pasivamente la conversación que mantenemos con los más activos e inquisitivos. Pero desde que le "dimos la vuelta" al aula, nuestro papel ha cambiado; la mayor parte del tiempo lo pasamos ayudando a los alumnos a los que más trabajo les cuesta desarrollar algunos de los temas o problemas de la clase.

Creemos que esta puede ser la razón más importante por la que a los estudiantes les va bien con el modelo de la "clase al revés". Esto no quiere decir que ignoremos a los mejores alumnos, pero ya no les dedicamos toda nuestra atención. Ahora se la entregamos a los que necesitan más ayuda.

## Permite que destaquen los alumnos con capacidades especiales

Nuestros profesores de Educación Especial también defienden este modelo. Como todas las instrucciones directas están grabadas, los alumnos con capacidades especiales pueden ver los vídeos todas las veces que quieran para aprender y dominar el tema.

Ya basta de tomar apuntes frenéticamente con la esperanza de entenderlos después. Por el contrario: los estudiantes pueden "poner en pausa" y "rebobinar" a su profesor, y asegurarse de entender, de verdad, los conceptos importantes del tema expuesto.

*A algunos alumnos que han batallado en sus clases (según sus padres) les está yendo mejor porque ahora puedo trabajar con ellos, uno a uno, durante la clase, y les ayudo a alcanzar los objetivos que les resultan difíciles.*

**Brett Wilie,**
First Baptist Academy, Dallas, Texas.

## Permite “poner en pausa” y “rebobinar” al profesor

Los educadores, en general, debemos cubrir un programa específico durante nuestras clases. Esperamos que los alumnos aprendan un conjunto definido de conocimientos, y que entiendan la mayoría de nuestras exposiciones y los contenidos que transmitimos.

Sin embargo, hasta los mejores educadores y oradores tienen estudiantes que se retrasan en este aprendizaje porque no entienden o no aprenden todo lo que se les pide. Cuando le “damos la vuelta” a la clase, les entregamos el “control remoto”: dar a los alumnos el poder de poner en pausa a su profesor es una idea revolucionaria.

La hija de Jonathan estudiaba en una de sus clases. Un día que él estaba observando cómo su hija veía uno de los vídeos en casa, ella le comentó: “Me encantan estos vídeos”. Él le preguntó por qué y ella le respondió: “Porque puedo ponerte en pausa”.

Poner en pausa un vídeo es una herramienta muy poderosa por varias razones. El hecho de sentar a todos los estudiantes en filas muy ordenadas y obligarles a escuchar a su profesor hablar con gran elocuencia sobre su área de especialidad no siempre es un medio efectivo para comunicarse con ellos. Casi siempre vamos muy rápido para algunos alumnos y muy despacio para otros. Los que aprenden más deprisa lo entienden todo de inmediato y luego se aburren de esperar a los demás compañeros, mientras que aquellos a quienes les cuesta trabajo entender tardan más en procesar la información.

En la clase, cuando en determinado momento cliqueamos para pasar a la siguiente diapositiva, es inevitable que un grupo de alumnos se ponga a gritar y pida que volvamos a la anterior. Sin embargo, cuando damos a los estudiantes la capacidad de “poner en pausa” a sus profesores, tienen la oportunidad de procesarlo todo a la velocidad adecuada para cada uno de ellos. En particular, pedimos a los alumnos que procesen la información más lentamente que usen el botón de rebobinar para que escuchen nuestras explicaciones más de una vez. Si aún no lo entienden, trabajamos con ellos de forma individual o en grupos pequeños en el aula.

En el otro extremo tenemos a los alumnos que con frecuencia están aburridos porque el profesor va demasiado despacio para ellos. Estos estudiantes aprecian la función de pausa por otras razones. Por lo general, ellos son nuestros estudiantes más ocupados: siempre están involucrados en incontables actividades y deportes. Y precisamente, al darles la capacidad de poner en pausa ayudamos a estos alumnos a manejar mejor su tiempo.

La hija de Jonathan era una de estas alumnas, y le gustaba poner en pausa la lección para dividirla en segmentos más cortos y aprender en sus propios horarios. De hecho, hemos tenido estudiantes que ven nuestros vídeos al doble de velocidad; ellos pueden procesar nuestra exposición más rápido que la mayoría, y aunque nuestras voces suenan como si hubiéramos respirado helio, a ellos les parece que es una buena manera de aprovechar su tiempo.

## Incrementa la interacción alumno/profesor

Con frecuencia escuchamos opiniones como esta: "Es un buen método para enseñar en línea, pero no quiero sustituir mi clase por cursos en la red". Aunque "dar la vuelta" al aula sin duda tiene un gran potencial para cambiar la educación en línea, el propósito de este libro no es promover los beneficios de este tipo de educación.

Ambos somos profesores de aula, y vemos a nuestros alumnos todos los días. La mayor parte de los estudiantes sigue acudiendo al centro educativo, en donde se encuentra tanto con sus educadores como con sus compañeros de clase.

Nosotros creemos que "dar la vuelta" a la clase permite a los profesores aprovechar las ventajas que nos brinda la tecnología para aumentar su interacción con los alumnos. Debemos dejar claro que de ningún modo proponemos remplazar las aulas y a los docentes por un tipo de enseñanza en línea. De hecho, estamos convencidos de que "dar la vuelta" a la clase crea una mezcla ideal de enseñanza en línea y enseñanza cara a cara, que ha empezado a conocerse como la "clase conjunta".

Muchas veces hacemos exposiciones cortas con los grupos de estudiantes a los que les cuesta trabajo un determinado contenido. Lo bueno de las mismas es que damos a los alumnos una enseñanza oportuna, justo en el momento en el que están listos para aprender. Los docentes desempeñan un papel vital en la vida de sus alumnos. Son sus mentores, amigos, vecinos y expertos. Mantener una interacción cara a cara con los profesores es una experiencia de un valor incalculable para los estudiantes.

> *Quería daros las gracias a Aaron y a ti por entusiasmarme con la idea de la "clase al revés". Uno de los asistentes del director observó mi clase y le gustó tanto la propuesta que ese mismo día fue con el director a contarle lo que yo estaba haciendo. Dijo que todos los administradores deberían ver este modelo, y que parecía que yo era el único que estaba poniendo en práctica todos los aspectos del ideario del centro educativo. Quiere que el año próximo dirija un taller de desarrollo profesional para que otros profesores puedan empezar a hacer lo mismo.*
>
> *Como soy un docente sin titularidad en una zona escolar con crisis presupuestaria, creo que me ayudaron a asegurar mi trabajo de por vida. Muchas gracias por la labor que han hecho y por la forma en que me inspiraron para llevar mi práctica educativa a un nuevo nivel. Un día tengo que ir a Colorado para agradecérselo en persona.*
>
> **Marc Seigel,**
> Basking Ridge, Nueva Jersey.

## Permite que los profesores conozcan mejor a sus alumnos

Los docentes estamos en los centros educativos no solo para enseñar los contenidos del programa de la materia, sino también para inspirar, animar, escuchar y ofrecer perspectivas a nuestros alumnos. Esto ocurre en el contexto de las relaciones que entablamos con ellos. Siempre hemos pensado que un buen educador construye relaciones con los alumnos; ellos necesitan adultos que constituyan buenos modelos para seguir en sus vidas. Y nosotros esperamos llegar a ser esos modelos.

Por supuesto, ya lo hacíamos en el modelo tradicional, pero la "clase al revés" nos permite construir mejores relaciones. Esto se debe al aumento en la interacción profesor/alumno. El año que empezamos la "clase al revés" animamos a nuestros alumnos a que interactuaran con nosotros a través de mensajes de texto. Casi siempre estos mensajes eran del tipo "¿Dónde puedo conseguir ayuda para resolver el problema X?" o "¿Cuáles son los criterios de evaluación para la semana que viene?".

Como hicimos los vídeos educativos juntos (Aaron y yo), los alumnos, en general, no pensaban que solo uno de los dos fuera su profesor: para ellos, ambos éramos sus educadores. Como es natural, algunos estudiantes se llevaban mejor con Aaron y otros conmigo. Un día, uno de los alumnos de Aaron empezó a mandarme a mí mensajes de texto que al principio solo tenían que ver con Ciencias, pero muy pronto el tono de los mensajes cambió.

Me di cuenta de que este estudiante estaba pidiendo ayuda y le propuse que acudiera al Departamento de Orientación del centro. Resultó que al alumno le habían echado de su casa y tenía problemas personales muy graves. Es verdad que la "clase al revés" no fue la que provocó esta relación, pero ayudó a crear un ambiente positivo en el que un alumno con problemas pudo relacionarse con un adulto y obtuvo la ayuda que necesitaba.

## Mejora la interacción alumno/alumno

Uno de los mayores beneficios de la "clase al revés" es que mejora todas las interacciones: profesor/alumno y alumno/alumno. Como el papel del profesor cambia, de presentador de contenidos a asesor en el aprendizaje, pasamos casi todo nuestro tiempo hablando con los estudiantes. Respondemos preguntas, trabajamos con grupos pequeños y guiamos el aprendizaje de cada alumno de manera individual.

Cuando los alumnos están concentrados en un problema y nos damos cuenta de que a varios de ellos les está costando trabajo resolver la misma situación, los organizamos, de forma espontánea, en una tutoría. Como el profesor se convierte más en un tutor que en un presentador de contenidos, tenemos el privilegio de observar cómo interactúan los alumnos entre ellos.

Cuando recorremos la clase, notamos que organizan sus propios grupos de trabajo: se ayudan entre sí en vez de depender del profesor como único distribuidor del conocimiento. Observarlo es algo verdaderamente mágico. Muchas veces nos sorprende lo bien que nuestros alumnos trabajan juntos y cómo aprenden unos de otros.

Tal vez se pregunte cómo hemos hecho para desarrollar una cultura del aprendizaje. Creemos que la clave es que los estudiantes se den cuenta de que su objetivo es aprender, en vez de batallar por terminar las tareas. De forma deliberada, hemos tratado de que nuestras clases propicien que los alumnos en vez de estar simplemente muy ocupados, lleven a cabo actividades significativas. Al hacer esto mostramos respeto por nuestros alumnos, y ellos suelen responder.

Empiezan a darse cuenta –aunque a algunos les lleva un poco más de tiempo– de que estamos aquí para guiarlos en su aprendizaje, en vez de adoptar el papel de docentes autoritarios. Nuestro objetivo es que sean, en lo posible, mejores estudiantes y de verdad entiendan los contenidos de nuestras clases. Cuando los alumnos saben que estamos de su lado, responden haciendo un esfuerzo mayor.

## Permite hacer distinciones reales

Uno de los desafíos de las aulas actuales consiste en adaptarse al gran abanico de habilidades que tienen los alumnos en cada clase. Tenemos de todo: unos se destacan sobre el resto, otros representan la media, a algunos les cuesta mucho aprender nuestros contenidos y otros no pueden leer, si no se concentran. La "clase al revés" nos ha demostrado lo amplias que son las necesidades de muchos de nuestros alumnos, y el gran poder que tiene este modelo para abarcar a estudiantes que se encuentran en los distintos puntos de este enorme repertorio de habilidades.

Como usamos la mayor parte de nuestro tiempo para caminar por el aula y ayudar a los alumnos, podemos personalizar el aprendizaje de todos ellos. Hemos descubierto que si los estudiantes que entienden rápidamente el contenido de algún tema nos demuestran que ya han dominado un objetivo en particular, podemos reducir el número de problemas que hay que resolver.

Supongamos que establecemos un contrato individual con cada alumno, según el cual deben demostrarnos qué entendieron. Ellos lo agradecen porque se dan cuenta de que no nos interesa el trabajo de rutina, sino su aprendizaje. En el caso de los estudiantes a los que les cuesta trabajo aprender algún tema, buscamos que entiendan las nociones claves.

Sabemos que nuestra clase les resulta difícil a muchos alumnos, y que no a todos les resulta sencillo aprender. Muchas veces modificamos el trabajo de estos estudiantes en el momento, y les pedimos que solo resuelvan los problemas claves. Así, los alumnos a los que les cuesta trabajo aprenden los objetivos esenciales, y no se quedan estancados con algunos de los temas más avanzados, que tal vez solo sirvan para confundirlos.

> *Durante la licenciatura y el posgrado, siempre oí que no todos los estudiantes aprenden del mismo modo o al mismo ritmo. En esas clases me hablaron sobre las aulas diferenciadas, pero nunca supe cómo podía poner en práctica dicho modelo si en mi clase solo estaba yo y tenía 20 o 30 alumnos que necesitaban que les impartiera al menos 12 lecciones diferentes.*
>
> *Cuando oí hablar sobre la idea de crear vídeos educativos, finalmente me di cuenta de que esto era lo que debía hacer para crear 25 copias de mí misma [...], así los chicos tendrían la libertad de acelerar o disminuir la velocidad conforme a sus necesidades. También era frustrante que los alumnos se presentaran a los exámenes sin estar preparados y les fuera mal, y que tuviéramos que seguir adelante independientemente de su escaso rendimiento. Ahora puedo dedicar el tiempo de clase a responder las preguntas de los estudiantes y repasar los problemas de los que avanzan más lentamente.*
>
> **Melissa de Jong,**
> Escuela secundaria Roosevelt, Sioux Falls, Dakota del Sur.

## Cambia la manera de gestionar la clase

Cuando seguíamos el modelo de enseñanza tradicional, algunos alumnos no prestaban atención en clase. Con frecuencia representaban una distracción para los demás estudiantes, y afectaban negativamente al aprendizaje de todos. Muchas veces estaban aburridos o simplemente eran rebeldes. Sin embargo, cuando le "dimos la vuelta" a la clase descubrimos algo sorprendente: como no estábamos ahí de pie hablando a los estudiantes, muchos de los problemas relacionados con la gestión de la clase simplemente desaparecieron.

Los alumnos que ansiaban tener público ya no lo tenían. El tiempo de la clase se dedicaba principalmente a desarrollar actividades prácticas o a trabajar en grupos; así, los estudiantes que solían constituir una distracción dejaron de ser un problema, dejaron de tener público o de estar aburridos, y empezaron a involucrarse activamente en el aprendizaje.

Sin embargo, no crea que todo es perfecto en este modelo de enseñanza. Todavía tenemos que llamar la atención a los estudiantes. Aún hay alumnos que se portan mal en el aula, pero muchos de los problemas que teníamos para gestionar la clase han desaparecido.

## Modifica la forma en que nos comunicamos con los padres

Ambos recordamos años y años de sentarnos en reuniones con padres de familia en las que ellos, con frecuencia, nos preguntaban cómo se portaban sus hijos durante la clase. Lo que realmente estaban cuestionando era: "¿Mi hijo se queda quieto en su silla, es respetuoso, levanta la mano para hablar y no molesta a otros estudiantes?".

Sin duda, es bueno que todos aprendan estas habilidades, pero cuando "dimos la vuelta" a la clase empezó a costarnos trabajo responder a esa pregunta. Lo que pasa es que dicha pregunta no tiene sentido en nuestro modelo de clase. Como los alumnos asisten con el objetivo de aprender, las preguntas ahora deben ser "¿Todos los alumnos están aprendiendo?", o "¿Qué podemos hacer para ayudarlos a aprender?". Estas preguntas son mucho más profundas, y cuando las discutimos con los padres de familia nos concentramos en los temas que les ayudan a entender cómo pueden sus hijos convertirse en mejores estudiantes.

Existe un sinfín de razones por las que un alumno puede no estar aprendiendo bien. Pueden faltarle conocimientos básicos, tener problemas personales que interfieren en su aprendizaje, o puede estar más concentrado en "jugar a la escuela" que en aprender de verdad. Cuando los padres y los profesores conseguimos diagnosticar por qué un estudiante no aprende, nos situamos en una posición privilegiada desde la que se pueden llevar a cabo las acciones necesarias para ayudarle a mejorar su forma de estudiar y, por tanto, su aprendizaje.

## Permite "educar" también a los padres

Cuando empezamos a hablar con los padres de familia durante las reuniones, ocurrió algo sorprendente. Muchos nos dijeron que les habían gustado nuestros vídeos. Les preguntamos: "¿Ustedes ven nuestros vídeos?". Resulta que muchos los veían con sus hijos y aprendían Ciencias. Esto llevó a que los padres y los alumnos tuvieran algunos debates interesantes sobre el contenido de nuestras lecciones. Otros profesores que han adoptado el modelo en diferentes partes del país nos han contado lo mismo: también están educando a la comunidad de padres.

En una conferencia a la que asistimos hace algunos años, uno de los principales ponentes, que era una profesora de Educación Infantil, nos contó su historia. Ella daba clases en un centro educativo con alumnos de distintas nacionalidades, la gran mayoría de ellos estaba aprendiendo Inglés. Sabía que uno de los factores claves para convertirse en un buen lector es practicar la lectura en voz alta, por lo que solicitó un apoyo para comprar unos *ipods* que usó para grabarse a sí misma y a otros leyendo libros para sus alumnos.

Los alumnos de Inglés como segunda lengua se llevaban los *iPods* nano y los libros correspondientes a sus casas para escuchar las lecturas. Los estudiantes usaban mucho estos dispositivos. La profesora lo notó porque se los devolvían con las baterías casi agotadas, y ella sabía cuánto tiempo de autonomía tenían aproximadamente, así que expresó su asombro a sus alumnos.

En una reunión con los padres, una de las madres le pidió disculpas por acabar la batería del *ipod*, y además le contó que, no solo ella, sino también la abuela, la tía y toda la familia escuchaban las lecturas. Los archivos de audio de esa profesora estaban educando a muchas más personas de las que ella imaginaba.

*He recibido muy buenos comentarios de los docentes. La "clase al revés" ha permitido a los padres ayudar a sus hijos porque ellos también ven los vídeos. Algunos padres pensaron que yo ya no daba clases, y me costó un poco de trabajo aclarar esa idea, pero luego pudieron ver que con este método se trabajaba de manera más individualizada con sus hijos.*

**Bett Wilie,**
First Baptist Academy, Dallas, Texas.

## Vuelve la clase "transparente"

En esta época en la que, desde algunos sectores de la sociedad, se pone en tela de juicio la labor del personal educativo, la "clase al revés" abre las puertas del aula y permite que el público entre en ella. Nuestros vídeos están en internet, y los padres de nuestros alumnos y otras personas que lo deseen tienen acceso gratuito a estos materiales. En vez de preguntarse a qué están expuestos sus hijos en el aula, los progenitores pueden encontrar nuestras lecciones cliqueando en algunas páginas.

Nos guste o no, los centros educativos compiten por los alumnos. Hay varias razones por las que nuestra escuela pierde estudiantes, los cuales se van a escuelas cercanas. Muchas de esas bajas se deben a que los padres suelen percibir –incorrectamente– que la nuestra tiene menor nivel académico que otras, pero después de subir nuestros vídeos a internet y abrir nuestras prácticas educativas al público hemos conseguido traer de regreso a algunos de los alumnos que se habían cambiado de escuela.

## Es una técnica válida para los profesores ausentes

Nosotros damos clase en una escuela prácticamente rural en la que es muy difícil encontrar profesores suplentes cualificados. En particular, nos costó trabajo localizar educadores que pudieran dar clases de Química. Cuando empezamos a grabar nuestras lecciones y a poner los vídeos en línea, lo hacíamos en vivo, frente a nuestros alumnos, pero más tarde se nos ocurrió que podríamos pregrabar una lección a nuestros estudiantes para el día que debiéramos ausentarnos del aula.

Cuando a Jonathan se le presentó un compromiso personal fuera de la ciudad, decidió intentarlo. Se sentó frente a su ordenador y grabó la lección que habría dado ese día. El plan era encender el proyector en clase, cargar el archivo del vídeo y reproducirlo. Los alumnos tomaron apuntes como si él estuviera presente. Así, no se perdieron nada: tuvieron la misma lección que les correspondía ese día. Los alumnos solo nos comentaron que les resultó un poco inquietante oír la voz de Jonathan sin que él estuviera en la clase.

Este método se usa en todo el país. Un maestro de Educación Primaria de nuestra zona graba sus clases para sus alumnos cuando no puede estar en el aula. De esta manera se asegura de que el tema se enseñe como él quiere presentarlo, y no deben volver a abordarlo cuando regresa. A su suplente también le gusta este método porque así los alumnos obtienen exactamente lo que el titular quiere. Ahora sabemos que algunos profesores de Ciencias de todo el país usan nuestros vídeos como plan alternativo cuando tienen que ausentarse del aula.

## Puede guiar el programa de aprendizaje para el dominio de la "clase al revés"

Para nosotros ha sido un poco extraño escribir este capítulo, porque ya no usamos solo el modelo de la "clase al revés". Ahora estamos usando el modelo de aprendizaje para el dominio de la "clase al revés", en el que los alumnos adaptan el material a su propio ritmo de estudio. No todos los estudiantes ven el mismo vídeo la misma tarde. Ellos ven y aprenden en un sistema asincrónico, en el que el objetivo principal es dominar los contenidos.

Debemos reconocer que no empezamos a usar el modelo de aprendizaje para el dominio de la "clase al revés" hasta dos años después de abandonar el modelo tradicional. Nuestro proceso ha requerido varios años, y recomendamos a quienes estén interesados en llevar a la práctica una "clase al revés" que apliquen los cambios de forma gradual.

# Capítulo cuatro

# ¿Cómo poner en marcha la "clase al revés"?

En este capítulo nos ocupamos de muchos de los problemas logísticos que implica poner en marcha una "clase al revés", entre ellos elaborar o encontrar vídeos de buena calidad. También ofrecemos algunas sugerencias para "dar la vuelta" a su clase.

## La tarea: los vídeos

Antes de lanzarse a la producción de vídeos, considere detenidamente si un vídeo es o no la herramienta adecuada para obtener el resultado educativo que espera. Si le parece que es adecuada, comience a planificarlo cuanto antes. Si, por el contrario, no lo es, no lo produzca, porque no sería justo con sus alumnos, y además, constituiría un buen ejemplo del mal uso de la "tecnología por la tecnología". Use los recursos tecnológicos solamente si constituyen una herramienta adecuada para la tarea que tiene pensado llevar a cabo. Emplee su criterio profesional, pregunte a sus colegas, a sus mentores o directivos, e incluso a sus alumnos.

Es posible que el mayor desafío al que se enfrentan los docentes cuando tratan de "dar vuelta" a la clase sea localizar o producir vídeos de alta calidad. Nos hemos encontrado con profesores que se sienten muy cómodos con el uso de la tecnología y también con la idea de grabarse a sí mismos. Si este es su caso, tal vez le convenga omitir el apartado "Haga sus propios vídeos". Otros, tal vez, no tienen tiempo para hacer sus propios vídeos, no les resulta fácil el uso de la tecnología o no les gusta hablar frente a una pantalla de ordenador. Si usted es uno de ellos, le invitamos a considerar la posibilidad de aprovechar los vídeos de otro docente cuando ponga en marcha la "clase al revés".

### 1. Use los vídeos de otros docentes

Cuando empiece a "dar la vuelta" a su clase, tal vez la mejor opción sea usar vídeos que hayan producido otros docentes, y no producir vídeos propios. Posiblemente quiera comenzar a "dar la vuelta" a su clase, pero no tenga tiempo para grabar sus propios vídeos. Tal vez tampoco sea un experto en hablar frente a una pantalla o en el uso de las tecnologías de grabación.

Cuando hacemos nuestros vídeos, nos sentamos en nuestra aula y hablamos entre nosotros frente al ordenador. No es más difícil que enseñar a un público en directo. Sin embargo, como los alumnos no están con nosotros, tenemos que inventar una presencia dinámica y un poco artificial. No queremos dar a nuestros estudiantes unos vídeos aburridos, así que tratamos de hacerlos interesantes.

Si encuentra un docente con mucho talento que ya haya hecho algunos buenos vídeos sobre su asignatura, por favor, es importante que se sienta para hacer uso de ellos. Hace un tiempo empezamos a vender nuestros vídeos de Química en la red. Muchos profesores de Química que querían "dar la vuelta" a sus clases usaron nuestros vídeos en vez de producir los suyos. Algunos los compraron para utilizarlos en ciertas clases y grabaron los suyos propios para otras.

Con el uso masivo de YouTube y otros sitios para compartir vídeos, el número de estos productos está creciendo, y muchos de ellos pueden usarse en la "clase al revés". La clave es encontrar vídeos de buena calidad, siempre que se ajusten a los contenidos de la materia que usted imparte. ¿Dónde encontrar vídeos de buena calidad? No es una pregunta fácil de responder. Dependiendo del tema que le interese, tal vez tenga que llevar a cabo una búsqueda en profundidad; sin embargo, el crecimiento exponencial de recursos gratuitos en la red está ocasionando que esta búsqueda resulte cada vez más sencilla.

*Un beneficio secundario es que los alumnos descubrieron que pueden buscar en línea y encontrar lecciones grabadas por otras fuentes. Esto constituye una gran herramienta de pedagógica, pues deben hacerse responsables de su propio aprendizaje y descubrir cómo encontrar la información que necesitan. Estos chicos están creciendo en un mundo digital y es importante que aprendan a navegar y a encontrar solos la información que necesitan.*

**Brett Wilie,**
First Baptist Academy, Dallas, Texas.

## 2. Haga sus propios vídeos

Cuando usamos la palabra "vídeo", casi todos los docentes se imaginan una videocámara que apunta hacia ellos mientras imparten su clase. Aunque esto puede ser efectivo en algunos casos, creemos que hay mejores formas de hacer vídeos para usarlos en la "clase al revés".

Nosotros utilizamos un programa de captura de pantalla, denominado Camtasia Studio (que graba todo lo que se despliega en la pantalla), nuestras voces, una pequeña cámara web en nuestros rostros y un lápiz digital para anotar todas las observaciones que incluimos. El lápiz es especialmente útil para las lecciones que incluyen la resolución de problemas matemáticos. Poner un montón de números en una diapositiva de PowerPoint no es tan dinámico como escribirlos con el lápiz, en tiempo real, mientras describimos nuestros procesos de pensamiento y explicamos el problema. Hay otras herramientas, como imágenes dentro de imágenes, videoclips y muchas más, que se pueden añadir durante la posproducción para mejorar el contenido y la calidad de los vídeos.

En el siguiente apartado vamos a hablar sobre el equipo y los pasos que se necesitan para crear una lección de vídeo pregrabada. Si quiere "darle la vuelta" a su clase, pero le preocupa que el hecho de producir los vídeos le lleve demasiado tiempo, considere la opción de grabar sus exposiciones presenciales durante todo un año. Solo tiene que presionar "grabar" al inicio de cada lección y "detener" al término de esta, y a lo largo del año habrá creado una consistente colección de vídeos. Luego podrá decidir qué hacer con los vídeos y cómo restructurar su clase. Este método no requiere ningún trabajo adicional, y es la forma más sencilla de acercarse a la "clase al revés".

## 3. Equipo necesario para elaborar los vídeos

Nuestros vídeos son muy baratos de producir. Todo lo que necesitamos es el programa de capturas de pantalla, un ordenador, una tableta gráfica con lápiz digital, un micrófono y una cámara web. La mayor parte de los ordenadores actuales tienen cámara web incorporada, así que lo único que hay que adquirir es la tableta gráfica con lápiz digital y los programas necesarios.

### • Programa de captura de pantalla

Con este elemento puede grabar todo lo que aparezca en la pantalla de su ordenador. Si está ejecutando una presentación de PowerPoint, graba la presentación. Si está navegando en una página de internet, captura su navegación. Si está tomando notas en el ordenador, graba los movimientos del lápiz.

Cuando se instala un micrófono, también graba la voz. Hay muchos programas diferentes de captura de pantalla: algunos son gratis u *open source* (es decir, con código de acceso libre); algunos son para PC, otros para Macintosh y algunos para Linux.

Como ya hemos señalado anteriormente, nosotros usamos Camtasia Studio para realizar nuestras grabaciones. Pero usted no debe preocuparse demasiado por qué programa usar, sino por conseguir uno que le funcione.

• **Lápiz digital**

Como profesores de una ciencia basada en las Matemáticas, nos parece que la capacidad de anotar con ayuda del lápiz digital es indispensable, pues en todo momento tenemos que escribir sobre nuestra pantalla. El programa que usamos es básicamente PowerPoint; ya que incorpora una herramienta de escritura con lápiz digital que usamos con frecuencia. También hemos empezado a experimentar con el programa Smart, cuyas pizarras digitales recibimos hace poco para trabajar en las aulas de nuestra escuela, pero todos los programas de pizarra interactiva incluyen un lápiz digital.

Si sus vídeos requieren hacer notas con lápiz digital, hay muchas opciones disponibles de equipo informático. La gama de herramientas abarca desde una tableta gráfica con entrada para dispositivo con USB muy barata, hasta pizarras interactivas de mayor coste. Hay muchas marcas de tabletas gráficas que es posible conectar al ordenador. Uno de los ejemplos más populares es la Wacom Bamboo.

El siguiente nivel en estos dispositivos son las tabletas inalámbricas. Hay muchos fabricantes que las ofrecen, y es posible conseguirlas a diferentes precios. Estos dispositivos funcionan igual que las tabletas con cable. Si usted planea grabar todas o algunas sus sesiones en vivo, le recomendamos una de este tipo. La ventaja de una tableta inalámbrica es que usted puede caminar por la clase mientras presenta los contenidos a los alumnos.

También puede usar una tableta. Estos dispositivos llevan integrado el lápiz digital. La verdad es que nosotros no somos muy partidarios de las tabletas, ya que implican la adquisición de un ordenador extra. Jonathan compró su primera tableta inalámbrica en el año 2001; desde entonces ha tenido siete ordenadores, pero conserva su tableta inalámbrica digital, y todavía funciona. Si hubiera comprado una tableta, seguramente al cabo de un tiempo habría sido necesario remplazarla al menos siete veces, lo cual habría salido mucho más caro que comprar una tableta inalámbrica y reemplazar siete ordenadores estándares.

• **Pizarra interactiva**

Las pizarras interactivas están diseñadas para tomar notas en ellas. Conocemos a muchos profesores que las usan para grabar sus lecciones. La única desventaja es que deben estar en el aula para poder hacer las grabaciones. Nosotros preferimos la flexibilidad que nos brinda grabar en casa, en un cuarto de hotel en Atlanta, en un centro comercial de Washington o en las aulas de los colegas a los que les interesa tener una "clase al revés".

Algunos centros educativos que usan las pizarras interactivas como herramientas principales han comprado tabletas con dispositivo de USB para que los profesores se las lleven a casa y puedan grabar sus vídeos.

• **Micrófono**

Los micrófonos también varían en precios y funciones. Casi todos los ordenadores portátiles ya los llevan incorporados; sin embargo, basándonos en nuestra experiencia, sabemos que muchos de los micrófonos no tienen muy buena calidad. Por ello, le recomendamos que grabe algo, lo reproduzca y compruebe la grabación. También puede comprar micrófonos externos a un precio asequible que, aunque no son de la mejor calidad, funcionan bien.

Una de las ventajas de tener un micrófono externo es que no registra los clics del ratón o los sonidos de la tableta, mientras que los micrófonos internos sí lo hacen. Cuando comenzamos con el método de la "clase al revés", grabábamos con un micrófono alámbrico, pero nos dimos cuenta de que necesitábamos poder movernos durante la clase para atender a los alumnos, así que investigamos algunas opciones inalámbricas.

Hay varios micrófonos inalámbricos de calidad aceptable a un coste razonable. Hemos descubierto que los auriculares inalámbricos con USB que se usan para jugar con algunas videoconsolas funcionan bastante bien. Cuando empezamos a grabar juntos, notamos que los micrófonos que estábamos usando no captaban muy bien nuestras voces, así que decidimos buscar otros de mejor calidad. Hemos encontrado un micrófono con USB que tiene calidad de estudio, y estamos muy contentos con su funcionamiento.

Sin embargo, cuando presentamos el modelo de la "clase al revés" a los profesores de Lenguas Extranjeras, ellos nos dijeron que precisaban un micrófono de alta fidelidad que capturara adecuadamente la entonación y la pronunciación en sus clases, así que terminaron por comprar micrófonos de mayor calidad, que se adaptaban mejor a sus necesidades, y desecharon los dispositivos más baratos.

• ***Cámara web***

La mayoría de las nuevas Laptops ya tienen una cámara web incorporada pero si su ordenador no cuenta con este dispositivo tendrá que comprar una cámara. Generalmente, nosotros usamos una cámara web y la función *pip* (imagen en imagen) para incluir demostraciones científicas que son un poco complicadas o muy extensas para llevarlas a cabo en clase. Grabamos nuestras lecciones, las ponemos en pausa, orientamos la cámara web hacia donde se lleva a cabo el experimento científico y seguimos grabando para reproducir el evento.

• **Programas de grabación**

El programa de grabación que usamos tiene una función "imagen en imagen" que nos gusta mucho. Podemos capturar con la cámara web un encuadre del orador o los oradores mientras hablan. Tras grabar la sesión, podemos usar las herramientas de edición para cambiar el tamaño y la posición de la imagen en la imagen. Al principio, nos planteamos si esto podría distraer a los alumnos, pero cuando les preguntamos, nos comentaron que les gustaba ver nuestras caras. "Así no es solo una voz la que nos habla; es una persona de verdad", dijeron.

- **Videocámara digital**

Tan pronto como empezamos a experimentar con nuestra cámara web, nos dimos cuenta de que valía la pena crear algo más que una captura de pantalla. Las capturas de pantalla son la columna vertebral de nuestros vídeos, pero al incluir vídeos cortos grabados con una videocámara digital, les dimos un importante valor añadido.

Así que compramos una videocámara digital y la usamos para grabar tantos vídeos como pudimos. Algunos de estos vídeos tienen que ver con experimentos científicos, y a veces, por ejemplo, incendiamos objetos y acercamos la toma para observar fenómenos científicos.

También hacemos vídeos cada vez que encontramos fenómenos relacionados con la ciencia en el mundo que nos rodea, y así llevamos el mundo hasta nuestros alumnos. Cuando Jonathan estuvo en Perú, su hijo grabó algunos vídeos en los que explica la geografía de los Andes. Y en otra ocasión, cuando estuvimos en Washington para impartir una conferencia, hablamos sobre la Química de los diamantes frente al diamante Hope, en el Museo Smithsoniano.

Lo cierto es que no fue necesario invertir mucho dinero para empezar a "dar vuelta" a nuestras clases. Comenzamos con la tableta, añadimos el programa y luego, con el tiempo, cambiamos a un micrófono de mejor calidad, a una cámara web independiente y, eventualmente, a una videocámara digital. Ya no resulta caro hacer tus propios vídeos; cualquiera puede crearlos con un mínimo de inversión.

## 4. Las etapas en la elaboración del vídeo

Cuando hacemos nuestros propios vídeos, trabajamos en cuatro etapas: planificar la lección, grabar el vídeo, editarlo y publicarlo.

### 1.ª Planificar la lección

En primer lugar, debe determinar el objetivo de su lección y decidir si un vídeo es la herramienta adecuada para alcanzarlo. Si considera que un vídeo con una presentación directa no es la mejor herramienta, no siga estos pasos. Si cree que lo es, siga adelante. Recuerde que la "clase al revés" no consiste solo de hacer vídeos para su clase.

Aunque la mayor parte de los profesores que han "dado vuelta" a sus clases usan vídeos, algunos docentes han implementado todos los planteamientos educativos que se exponen en este libro sin usar un solo vídeo. Cuando nosotros empezamos, ya teníamos una serie de archivos de PowerPoint que habíamos usado durante años para nuestras exposiciones. Lo único que hicimos fue grabar vídeos usando esas mismas diapositivas, por lo cual le recomendamos que también empiece a grabar utilizando los materiales que ya ha creado.

Al principio de nuestra experiencia, no éramos tan conscientes como ahora de lo que había que grabar y lo que no; sencillamente grabábamos todo lo que habíamos expuesto en el pasado. Pero conforme maduramos en el proceso, comenzamos a eliminar de nuestro programa escolar algunos vídeos redundantes, innecesarios o poco efectivos.

Cuando empiece a producir vídeos, puede transformar el material que ya tiene para que funcione mejor como vídeo. Después de un tiempo, comenzará a sentirse cómodo con las herramientas del programa de grabación de pantalla que está usando, así que ya puede empezar a hacer planes para usar esas herramientas.

Por ejemplo, si quiere agregar videoclips, deje algunas diapositivas en blanco, como una "nota mental" –o una especie de separador de libros– que le recuerde que debe incluirlos más adelante. Si ya sabe que va a resolver algunos problemas con ayuda de un lápiz digital, deje diapositivas en blanco para escribir. Si desea trabajar con una calculadora, reserve espacio a los lados para que esta pueda desplegarse. ¿Quiere usar una cámara web? Asegúrese de tener un lugar en su pantalla para que esté operativa. Así pues, cuanto más complejo sea su vídeo, necesitará una mayor planificación.

### 2.ª Grabar el vídeo

Grabar la lección implica sentarse frente al ordenador o frente a la pizarra interactiva con un micrófono, una cámara web, un dispositivo de escritura o una cámara para visualizar los documentos y, sencillamente, "enseñar" la lección a un público ausente, haciendo pausas ocasionales para planificar lo que va a decir a continuación o para corregir algún error.

Nos hemos dado cuenta de que algunos profesores se sienten más cómodos si trabajan con un guion o un borrador, y eso está bien, pero nosotros no escribimos un guion por dos razones principales:

- Nuestras diapositivas ya nos sirven como un borrador que nosotros, que somos educadores veteranos, podemos usar para improvisar una presentación del material.
- Creemos que los guiones coartarían nuestra espontaneidad y creatividad. Nos gusta que nuestras lecciones sean más parecidas a una conversación, es decir, poco formales. Nuestros alumnos nos han dicho que prefieren vídeos dialogados en los que aparezcamos los dos, de modo que nos tomamos tiempo para producirlos juntos e incluir en ellos dicha dinámica.

Sin embargo, tenemos que reconocer que nuestros vídeos tienden a extenderse demasiado, y un guion o una exposición más orientada nos permitirían hacer vídeos más cortos. Como ya hemos señalado anteriormente, es importante que tenga en cuenta lo que necesitan sus alumnos y se lo proporcione.

### 3.ª Editar el vídeo

Puede editar su vídeo tantas veces como quiera. Cuando grabamos nuestras primeras lecciones no hicimos labores de edición ni posproducción; simplemente las grabábamos y las publicábamos para que la pudieran usar los alumnos. Pero, con el paso del tiempo, hemos descubierto el valor de la edición y la posproducción, y ahora pasamos bastante tiempo editando los vídeos.

El proceso de edición lleva su tiempo, pero permite a los docentes eliminar errores específicos, por lo que ya no tendrán la necesidad de volver a grabar un vídeo completo. También les permite subrayar y reforzar lo que dijeron durante la grabación con alguna pista visual que ayude al alumno a comprender. Durante el proceso de edición, usted puede añadir vídeos, cambiar las preferencias de la imagen, acercarse o alejarse de diversas áreas de la pantalla, y añadir leyendas (acuérdese de los recuadros que aparecían en pantalla en los canales musicales en los años noventa del siglo pasado).

En el siguiente capítulo hablaremos sobre estos elementos del vídeo. Tenga en cuenta que cuando los productores de películas comerciales hacen vídeos, pasan mucho más tiempo editando que filmando. Como docentes de aula, sabemos que no podemos pasar demasiado tiempo editando, por lo que tampoco exageramos en la cantidad de horas que dedicamos a esta actividad. La pregunta fundamental que condiciona el tiempo de la edición es: "¿Quiero que el vídeo quede perfecto o quiero tenerlo listo para la siguiente clase?".

### 4.ª Publicar el vídeo

Finalmente, debe publicar el vídeo para que lo vean sus alumnos. La gran cuestión que se plantean los profesores a los que les interesa hacer sus propios vídeos es la siguiente: "¿Dónde subo los vídeos para que todos los estudiantes puedan verlos?". La respuesta es diferente para cada docente, centro educativo y zona. Cada departamento de Informática es diferente, cada centro tiene su política particular, así que cada cual tendrá una forma distinta de hacer que el contenido sea accesible para sus alumnos.

Nosotros subimos nuestros vídeos a un servidor en línea, a los servidores internos de nuestra zona y a los ordenadores de nuestra aula; también los grabamos en DVD para los estudiantes que no tienen acceso a internet. La manera en que usted lo solucione dependerá de las necesidades de sus alumnos, si tienen acceso a la tecnología y si usted dispone de sitios para alojar vídeos en la red. Hay muchas formas de hacer llegar los vídeos a sus estudiantes; nuestra recomendación es que escoja uno o dos métodos que sepa usar bien y que satisfagan las necesidades de sus alumnos.

# Capítulo cinco

# ¿Cómo hacer vídeos que "enganchen" a sus alumnos"?

Ahora que ya está listo para producir sus propios vídeos. Ya tiene su equipo y quiere empezar a "dar la vuelta" a su clase. Antes de hacerlo queremos darle algunos consejos que van a mejorar la calidad de los mismos.

Para empezar, debe ser consciente de que no va a hacer los mejores vídeos al primer intento. Necesita práctica, mediante un proceso de ensayo y error, y después más práctica. Tenga en cuenta que lo que funciona para unos vídeos puede no funcionar para otros. Cuando nosotros comenzamos, nuestros vídeos no eran muy buenos, pero han mejorado con el tiempo. Tenga un poco de paciencia y pronto usted también podrá hacer vídeos educativos de alta calidad para sus alumnos.

A este respecto hemos aprendido algunas cosas que ahora consideramos como nuestras "reglas básicas de vídeo", y las exponemos a continuación.

## Reglas básicas de vídeo

### 1. Procure que los vídeos sean cortos

Le estamos dando clase a la "generación YouTube", y una de sus características es que le gustan las cosas en pequeñas dosis. Por poner un ejemplo, si les está enseñando a sus alumnos las ecuaciones de segundo grado, enséñeles solo las ecuaciones de segundo grado. No incluya nada más.

Cuando empezamos a hacer vídeos, estos tenían la misma duración que nuestras clases regulares y la mayor parte de nuestras exposiciones perseguían diversos objetivos. Esto es aceptable de forma presencial, pero descubrimos que en las grabaciones debíamos limitarnos a un tema por vídeo. Procuramos que estos duren menos de quince minutos, y la verdad es que siempre intentamos que su duración no rebase los diez. Aquí nuestro lema es "Un tema, un vídeo".

## 2. Use una voz animada

Lo más probable es que para producir sus vídeos use un programa para hacer presentaciones, como PowerPoint, Prezi, Keynote o Smart Notebook. Además de las diapositivas, los únicos recursos con los que cuenta para lograr que sus alumnos se involucren son su lápiz y su voz. Por tanto, procure cambiar sus entonaciones para lograr que los vídeos les resulten emocionantes.

A medida que fuimos adquiriendo habilidades en el uso del programa, pudimos relajarnos y comenzar a ser nosotros mismos frente al ordenador. Si decide grabar los vídeos con sus alumnos, la entonación debe ser más natural. Si por el contrario le habla a un ordenador, es particularmente importante que anime su voz y trate de hacerla interesante.

Jonathan hace muchos cambios en su voz: a veces adopta una mezcla de acentos ruso-alemán-francés-italiano-escocés-dialecto desconocido. A algunos estudiantes esto les divierte, porque nunca saben cuándo va a aparecer un acento nuevo. No se desanime si sus primeros vídeos no salen muy bien; irá mejorando conforme produzca otros vídeos. Acepte su propio proceso de aprendizaje.

## 3. Trabaje con otro docente

Por alguna razón, a quienes visualizan el vídeo les suele resultar más interesante ver a dos personas que conversan entre sí que oír a un solo profesor que habla. No es muy frecuente que escuche un programa de radio en el que oiga a una sola persona. Piense en su trayecto hacia el trabajo. ¿Cuándo fue la última vez que escuchó una sola voz? En las emisoras de radio saben que las conversaciones son más interesantes que los monólogos. Nuestros alumnos nos dicen lo mismo. Dos cabezas (y dos voces) son mejores que una. Los estudiantes aprenden mejor.

Como llevamos tanto tiempo dando clases, ya sabemos cuáles son los temas que les resultan más complicados a los alumnos, así que uno de nosotros suele adoptar el papel del estudiante que está aprendiendo el tema, y el otro, el papel del experto. Los alumnos nos cuentan que este diálogo les ayuda a comprender los contenidos.

Esta también ha sido una excelente forma de fomentar el modelo de la "clase al revés" en otros docentes. En el año 2009, Jonathan empezó a dar clases a los alumnos de primer año usando el modelo de aprendizaje para el dominio de la "clase al revés", y lo hizo solo. En 2010, todo el equipo de profesores de Ciencias de primer año había adoptado ya el modelo, y casi todos usaban los vídeos de Jonathan.

Sin embargo, él continúa haciendo, poco a poco, nuevos vídeos con distintos profesores. Cuando trabajan juntos, Jonathan se encarga de los ajustes tecnológicos y el otro profesor adopta el papel del experto (de hecho, suele serlo en la materia en cuestión). Esto le ha permitido incluirlos en el proceso de producción de vídeos.

Algunos docentes se han mostrado reacios a adoptar el modelo de la "clase al revés" simplemente porque les imponía respeto la tecnología que se necesita para crear los vídeos. Ahora, al trabajar con Jonathan, se han dado cuenta de que es tan sencillo como tener una conversación que se graba para que la escuchen sus alumnos.

### 4. Use el humor

Casi siempre pasamos el primer minuto del vídeo contando algún chiste. Los alumnos, o los odian o los adoran. Todos saben que el primer minuto está destinado al chiste, así que los que aprecian nuestro peculiar sentido del humor pueden verlo completo, y los que no, pueden adelantar el vídeo.

En una serie de vídeos el chiste consistió en que Jonathan buscaba algún instrumento musical que pudiera tocar; tocaba fatal casi todos los instrumentos, pero finalmente encontraba una armónica, y resultaba ser bastante bueno con ella. Estas cosas aportan originalidad y un poco de extravagancia a los vídeos, y eso ayuda a mantener interesados a los alumnos.

### 5. No desperdicie el tiempo de sus alumnos

Hemos visto algunos vídeos hechos por profesores que se pasan cinco minutos hablando sobre su equipo de futbol favorito. A muchos alumnos este tipo de comentarios les parecen una pérdida de tiempo, por tanto le aconsejamos que se limite a hablar de su tema.

### 6. Incluya notas

Imagínese que su pantalla es como una pizarra con imágenes interesantes. Use el lápiz digital para añadir anotaciones. Estamos seguros de que jamás habríamos adoptado la "clase al revés" de no haber contado con una herramienta digital para anotar. Como básicamente damos clases de Química, necesitamos algún tipo de pizarra digital en la que podamos escribir. Para la resolución de problemas químicos complejos resulta imprescindible la escritura. Tener una forma de escribir en la pantalla nos permitió –al menos a nosotros– convertir la "clase al revés" en realidad.

### 7. Añada avisos

Buena parte de nuestra posproducción consiste en añadir lo que llamamos avisos. Un aviso es una caja de texto, una silueta o cualquier otra imagen que aparece durante unos instantes en la pantalla y luego desaparece. A nuestros alumnos les parecen muy útiles porque les permiten centrar la atención en los elementos claves del vídeo. También los usamos para mostrar los pasos de un problema. Enunciamos estos durante la grabación, pero además los subrayamos visualmente con los avisos.

### 8. Acérquese y aléjese

Durante el proceso de postproducción resaltamos con el zum diferentes puntos de la pantalla, pues muchas veces no es importante ver todo lo que esta abarca. Esta capacidad de alejarse y acercarse beneficia a la comprensión del tema por parte de los estudiantes. Por ejemplo, cuando resolvemos un problema matemático, acercamos la cámara a la calculadora de la pantalla. Cuando estamos haciendo hincapié en una parte de la imagen en pantalla, podemos acercarnos a la sección más importante para explicar el concepto. Con esto no solo se pone énfasis en un objeto en particular, sino que también sirve para ordenar jerárquicamente la pantalla y ayuda a que los alumnos se concentren.

### 9. Tenga en cuenta los derechos de autor

Estos vídeos van a aparecer en línea, así que debe asegurarse de cumplir con todas las leyes de derechos de autor vigentes. Los profesores no somos abogados especialistas en derechos de autor ni pretendemos serlo, así que es conveniente que consulte a un experto en esta área para estar seguro de no incurrir en la violación de los derechos de terceros.

## Uso del tiempo de clase

Una vez que le "dé la vuelta" a su clase y produzca sus propios vídeos, se va a encontrar con que le sobra tiempo, un lujo del que probablemente nunca ha disfrutado en toda su carrera docente. Esto nos lleva a la pregunta que todos los profesores que abordan este cambio se formulan inevitablemente: "¿Qué puedo hacer con el tiempo de clase que me sobra?".

Hace poco tiempo, en una conferencia en la Columbia Británica, una joven profesora nos formuló una pregunta muy perspicaz: "Si uso su modelo, ¿qué voy a hacer con mis chicos todos los días durante la clase?". Se había dado cuenta de que todo su tiempo en el aula lo pasaba de pie frente a la clase, hablando a los alumnos. Si su "charla" estaba pregrabada, ¿qué iba a hacer todos los días?

Esto nos condujo a una fascinante conversación sobre el tipo de actividades que de verdad hacen que sus estudiantes participen en las clases activamente. A pesar de la atención que reciben los vídeos, estos no constituyen los mayores beneficios de las "clases al revés". Lo mejor es el tiempo de clase que se gana y que todos los docentes deben evaluar y rediseñar. Así, como las lecciones se trasladan fuera del aula, nuestros alumnos son capaces de llevar a cabo actividades más interesantes y de mejor calidad.

Los profesores que adoptan el modelo pedagógico de la "clase al revés" utilizan las horas libres que obtienen de muchas maneras diferentes que dependen de la materia que impartan, la ubicación de su centro educativo y su estilo de enseñanza. Hemos pedido a algunos de nuestros colegas que compartan con nosotros cómo ha cambiado su tiempo de clase. A continuación mencionamos algunos ejemplos.

## 1. Clases de Lenguas Extranjeras

En las clases de Lenguas Extranjeras, los profesores graban lecciones de gramática y conversación para que los alumnos tengan tiempo de usar el lenguaje de forma más práctica. Esto incluye mantener más conversaciones, leer literatura y escribir historias, todo en la lengua que se quiere enseñar.

Hace tiempo, visitamos una de las clases de Primaria, y pudimos observar que los alumnos hablaban español de manera activa. Respondían y hacían gestos en formas que se correspondían con las indicaciones del profesor, que impartía su clase enteramente en esa lengua. Luego hacía preguntas a los estudiantes y ellos respondían en español. El docente nos explicó que los vídeos le habían dado la libertad de realizar una mayor cantidad de estas interesantes actividades en clase.

## 2. Clases de Matemáticas

Con el nuevo modelo, a los profesores de Matemáticas les da tiempo a ayudar a sus alumnos a emprender un análisis profundo de los principales conceptos. Otros están adoptando materiales manipulativos de Matemáticas y nuevas tecnologías, con los que los estudiantes no solo se ocupan de aprender los cálculos algorítmicos sino de entender a fondo la complejidad de los conceptos matemáticos. Las clases de Matemáticas "al revés" se están convirtiendo en laboratorios de pensamiento computacional, indagación y conexión con otras áreas STEM[4] (*Science, Technology, Engineering, and Mathematics*), Ciencia, Tecnología, Ingeniería y Matemáticas.

## 3. Clases de Ciencias

Hace poco se planteó la pregunta de si la "clase al revés" era compatible con un enfoque de enseñanza de las Ciencias centrado en la investigación. Nosotros, y otros docentes, hemos respondido con un rotundo sí. "Dar la vuelta" a una clase de Ciencias genera más tiempo y más oportunidades para incluir el aprendizaje mediante la investigación. En las clases de ciencia al revés, los alumnos tienen tiempo para llevar a cabo más actividades basadas en la investigación y para desarrollar experimentos más complejos.

---

[4] Para ampliar información, consultar la página http://www.stemedcoalition.org/ [N. de la E.].

En la comunidad de educación Química se ha vuelto una herramienta muy útil un modelo llamado POGIL (*Process Oriented Guided Inquiry Learning*)[5], es decir, aprendizaje por procesos orientados en la investigación guiada. Con este recurso, los alumnos pueden desarrollar una comprensión conceptual sin que medie una enseñanza directa. La "clase al revés" es el escenario ideal para este tipo de aprendizaje y, de hecho, hemos incorporado a nuestra aula muchas actividades basadas en el POGIL.

Cuando una actividad de POGIL bien diseñada se lleva a cabo correctamente, los alumnos aprenden todo lo que necesitan a través de una investigación guiada, y ya no resulta necesario enseñarles el proceso mediante un vídeo. En ciertas clases usamos esta actividad como herramienta de enseñanza, en vez del vídeo. Sin embargo, hemos podido comprobar que algunos estudiantes siguen usando nuestros vídeos educativos como una fuente secundaria de información.

## 4. Clases de Ciencias Sociales y Humanidades

Algunos de los profesores de Ciencias Sociales comentan que usan el tiempo que les ha dejado libre la "clase al revés" para debatir acontecimientos de actualidad relacionados con el vídeo educativo mostrado la tarde anterior en clase. Otros han decidido aprovechar para profundizar en el análisis de los documentos originales con los que han elaborado el vídeo.

De este modo se dispone de más tiempo para debatir, hacer discursos, organizar un juicio y exponer lo que están aprendiendo los alumnos, de forma más profunda y sin preocuparse de que el timbre de la campana interrumpa una buena conversación. Hay mucho tiempo para escribir, escribir y escribir, e incluso para analizar y debatir los escritos de los demás mediante una revisión realizada por iguales.

## 5. Clases de Educación Física

Nos ha llamado mucho la atención que algunos de los docentes más motivados con la "clase al revés" hayan sido los de Educación Física. Este grupo de profesores entusiastas se dio cuenta de que este método prometía mucho para sus clases.

Ellos nos aseguraron que el aspecto más importante de la clase de Educación Física es que sus alumnos se muevan. Sin embargo, también nos comentaban que pasan demasiado tiempo enseñando a los estudiantes las reglas del juego y algunas de sus técnicas. Cuando empezaron a hacer vídeos con una videocámara digital para explicar las reglas, los alumnos llegaban a la clase y podían practicar o participar de inmediato en las actividades de su asignatura.

---

[5] Si desea obtener más información sobre este modelo, puede consultar la página http://www.pogil.org [N. de la E.].

## Compatibilidad con el aprendizaje por proyectos

Otra preocupación de los docentes relacionada con la "clase al revés" es si es compatible o no con el aprendizaje por proyectos. De nuevo, nuestra respuesta es sí. Nos encanta la idea del aprendizaje basado en el descubrimiento e impulsado por el interés de los alumnos. En general, los docentes con frecuencia no trabajamos en un entorno que nos lo permita, pero desde el punto de vista pedagógico es muy emocionante y puede reportar grandes beneficios.

Imagínese una clase construida a partir de problemas que hayan identificado los estudiantes, o basada en sus intereses. Los alumnos exploran un problema de la vida real y buscan soluciones y, de pronto, se dan cuenta de que deben saber cómo resolver una función matemática particular para poder hallar dicha solución.

Quizá usted ahora se encuentre en la siguiente disyuntiva: ¿debería dedicar su valioso tiempo a explicar a toda la clase las Matemáticas necesarias y arriesgarse a aburrir a los alumnos avanzados y a confundir a aquellos otros a los que les cuesta trabajo comprender, o debería emplearlo en crear un vídeo educativo (o tal vez usar uno de archivo) y proporcionar a los estudiantes lo que necesitan sin sacrificar el tiempo de clase dando indicaciones directas?

Al compaginar las herramientas tecnológicas y la entrega de contenido asincrónico, típicos de una "clase al revés", con un enfoque centrado en el alumno, en el que él decide qué debe aprender, se puede crear un entorno en el que prospere la curiosidad. No hace falta perder tiempo repitiendo conceptos que ya están bien asimilados y solo hay que presentar y aprender rápidamente, o dedicar el valioso tiempo de clase a enseñar nuevos contenidos.

## Contenidos creados por los alumnos

Las "clases al revés" pueden proporcionar a los estudiantes más tiempo para crear sus propios contenidos. Actualmente, los estudiantes cuentan con una gran diversidad de recursos para crear contenidos y demostrar así que han comprendido los diferentes temas de las materias que estudian. Pueden bloguear, crear vídeos, grabar *podcasts* y diseñar muchos productos educativos diferentes que les permitan construir su propio conocimiento. Nosotros creemos que los contenidos creados por los estudiantes tienen un gran valor.

Capítulo seis

# El aprendizaje para el dominio de la "clase al revés"

Hace ya tiempo que existe el enfoque del aprendizaje para el dominio. Apareció en la década de los años veinte del siglo pasado, pero no se le prestó demasiada atención hasta la década de los sesenta, cuando lo popularizó Benjamin Bloom, quien comparó las instituciones educativas de la época con una carrera en la que solo se premiaba a quienes aprendían más rápido.

Este investigador sostenía que la mayoría de los alumnos pueden dominar casi cualquier contenido, si disponen del tiempo y apoyo suficientes. Los estudios muestran que, cuando el aprendizaje para el dominio se lleva a cabo correctamente, el 80% de los estudiantes puede aprender todos los contenidos importantes, en comparación con el 20% que suele hacerlo con el modelo tradicional.

La idea básica del aprendizaje para el dominio es que los alumnos alcancen una serie de objetivos a su propio ritmo. En lugar de que todos trabajen en los mismos temas a la vez, todos trabajan para conseguir unos objetivos predeterminados.

El aprendizaje para el dominio suele ponerse en práctica en materias con un cuerpo de conocimientos concretos, y en las cuales es necesario dominar un logro para tener éxito en todos los objetivos siguientes.

Los componentes claves del aprendizaje para el dominio son los siguientes:

- Los alumnos trabajan en grupos pequeños o solos, a un ritmo adecuado.
- El profesor realiza una evaluación formativa del estudiante y valora su grado de comprensión.
- Los estudiantes demuestran su control de los objetivos en una evaluación sumativa. Aquellos que no logran dominar un objetivo particular reciben cursos de nivelación.

Casi todas las investigaciones que se han hecho sobre el aprendizaje para la dominio muestran mejorías en los logros de los estudiantes. También mencionan otros resultados, como un aumento de la cooperación entre estudiantes, y un incremento de la confianza de los alumnos en sí mismos, y subrayan el hecho de que a los estudiantes se les brinda una segunda oportunidad para demostrar su dominio sobre un objetivo determinado.

Durante la década de los años setenta del siglo pasado, el aprendizaje para el dominio recibió mucha atención, pero ahora se ha abandonado, en buena medida, en favor del modelo adoptado en la mayor parte de los centros tradicionales. A la mayoría de las centros educativos les parece muy difícil implementar el sistema de aprendizaje para el dominio, entre otras cosas por las siguientes razones: la dificultad que supone para los profesores repetir lo mismo muchas veces, la carga que implica realizar numerosas evaluaciones y lo complicado que resulta evaluar tantos objetivos de manera simultánea.

Sin embargo, ya no estamos en la década de los sesenta ni de los setenta del siglo pasado. El avance tecnológico ha permitido que muchas de las dificultades que presentaba el aprendizaje para el dominio sean más fáciles de superar. Básicamente, hemos usado la tecnología para hacer posible este tipo de aprendizaje.

Nuestros vídeos pregrabados han creado un entorno en el que la carga que supone la repetición recae sobre los alumnos. Ya no es necesario contar con la presencia física de un profesor que vuelva a enseñar la mayor parte de los temas. Los estudiantes simplemente pueden ver otra vez los vídeos educativos, o analizarlos con mayor atención, y el docente puede pasar más tiempo de calidad volviendo sobre los contenidos, cara a cara, con los alumnos que necesiten clases adicionales.

También hemos adaptado la tecnología para resolver el problema que representa la elaboración de varias versiones del mismo examen, que suelen ser necesarias en algunos modelos de aprendizaje para el dominio de la "clase al revés". Todas nuestras evaluaciones se gestionan con la ayuda de los ordenadores. Cada alumno es evaluado de forma diferente, pero en todos ellos evaluamos los mismos objetivos.

Además, cuando responden un mismo examen, cada estudiante recibe una versión diferente. La tecnología disponible hace que sea mucho más fácil diseñar múltiples maneras de evaluar. La mayor parte de las preguntas son puntuadas por el ordenador, lo que reduce enormemente el tiempo destinado a corregir. Ya no son necesarias las montañas de exámenes en papel que debíamos corregir a mano.

## ¿Qué es un aula de aprendizaje para el dominio de la "clase al revés"?

Un aula de aprendizaje para el dominio de la "clase al revés" toma el modelo de aprendizaje para el dominio y lo combina con las nuevas tecnologías para crear un entorno de aprendizaje sostenible, reproducible y manejable. Si usted entrara en una de nuestras aulas, observaría muchas actividades asincrónicas. Básicamente, cada uno de nuestros alumnos trabaja en diferentes tareas en distintos momentos. Los estudiantes se encuentran ocupados e involucrados en su aprendizaje.

Así vería que los alumnos podrían estar haciendo lo siguiente: llevar a cabo experimentos u otras actividades de investigación, visualizar vídeos en sus dispositivos personales, practicar el dominio de un tema en grupo, realizar simulaciones en línea con ayuda de la pizarra interactiva, estudiar en grupos pequeños, realizar evaluaciones (ya sea en un ordenador del aula o en el suyo propio), etc. También vería que unos cuantos trabajan con el profesor, bien sea de forma individual o en pequeño grupo.

Si nos observara a lo largo de una clase, vería las siguientes cosas: al inicio de la misma, organizamos a los alumnos y comprobamos quién necesita hacer trabajo de laboratorio, quién precisa responder a un examen y quién requiere nivelación en algún tema en particular. Luego nos movemos por el aula e interactuamos con los alumnos.

Conviene precisar que nosotros hablamos con todos, en todas las clases, todos los días. Si un alumno o un grupo de alumnos está listo para hacer un experimento, debatimos un rato con ellos y determinamos cuál es el objetivo fundamental del mismo, cuáles son los principios claves para garantizar la seguridad y qué es lo que deben observar. Si los estudiantes están preparados para que hagamos una demostración científica, formamos un grupo, demostramos el principio científico en cuestión y luego planteamos un debate.

Si a los alumnos les cuesta trabajo dominar un objetivo específico y necesitan repasar algún tema, trabajamos con ellos en la pizarra interactiva, en la tableta Smart, o simplemente en una mesa redonda.

Si a un estudiante le cuesta un gran esfuerzo demostrar su dominio de cualquiera de los objetivos de las evaluaciones sumativas, repasamos con él las versiones anteriores de la evaluación y le ofrecemos soluciones personalizadas para asegurar su éxito en el futuro. A veces, en estas circunstancias, le proponemos al alumno con dificultades de aprendizaje una forma alternativa de evaluación, o le permitimos crear su propio método para demostrar que domina el objetivo en cuestión.

Tal vez se pregunte cómo podemos hacer tantas cosas con tantos chicos al mismo tiempo. Para ser honestos, esa es nuestra lucha. Nos movemos todo el tiempo por el aula para prestar atención a quienes necesitan apoyo y para asegurarnos de que todos los alumnos están aprendiendo lo que necesitan saber cuándo lo requieren.

Solemos denominar a este procedimiento "circo de tres pistas" para el aprendizaje, porque tienen lugar muchas actividades simultáneas. Claro que, si pensamos en un día típico, más bien deberíamos llamarlo "circo de diez pistas". Impartir clases con un modelo de aprendizaje para el dominio de la "clase al revés" es cansado, requiere un gran esfuerzo y nuestras mentes tienen que ir todo el tiempo de un tema a otro, y de una actividad a otra.

Para desempeñar correctamente la labor docente en un entorno de aprendizaje para el dominio de la "clase al revés", creemos que se necesitan las siguientes características:

- **El profesor debe dominar los contenidos.** Los profesores que no son competentes en su área de conocimiento no pueden trabajar en un aula de aprendizaje para el dominio de la "clase al revés". Se necesita tener la capacidad de trasladarse mentalmente de un tema a otro, y es esencial poseer una comprensión general de las conexiones que existen entre los contenidos de los temas revisados.
- **El profesor tiene que reconocer cuándo no sabe las respuestas a las preguntas formuladas por los alumnos, y debe estar siempre dispuesto a buscar la solución con ellos.** El orgullo solo paraliza a los profesores y resulta perjudicial para el aprendizaje de los estudiantes. El docente debería aprovechar estas oportunidades para demostrar qué significa ser un verdadero estudiante: él es el primer alumno del aula. Los profesores deberían ser capaces de mostrar a los alumnos lo que hacen los adultos cuando no conocen una respuesta, enseñarles a colaborar y guiarlos a través del enorme océano de información en el que navegamos en este mundo de conexiones globalizadas.
- **El profesor debe ser capaz de manejar su clase de forma no lineal.** Todos los alumnos se encuentran en diferentes etapas de comprensión y dominio de los objetivos de aprendizaje, y el papel del docente es ir al encuentro de cada estudiante en el lugar en el que está. El modelo de aprendizaje para el dominio se basa en la idea de que el docente debe encontrarse con el estudiante en el punto en el que este lo necesite, y no en que el alumno se encuentre con el profesor en un lugar predeterminado del currículo.
- **El profesor debe estar capacitado para ceder el control del proceso de aprendizaje a los alumnos.** Aquí no tienen cabida los fanáticos del control.

## Los componentes del aprendizaje para el dominio de la "clase al revés"

El aprendizaje para el dominio de la "clase al revés" suena agotador, y tal vez está pensando que supone demasiado trabajo. Vamos a analizar en qué consiste y a identificar los elementos esenciales para hacer que este tipo de enfoque funcione. Antes de empezar, tiene que considerar los cinco componentes principales de este tipo de aprendizaje.

**1. Establezca objetivos de aprendizaje claros.** Los objetivos son los resultados deseables de aprendizaje de cada uno de los estudiantes. Puede utilizar los estándares curriculares y su criterio profesional para determinar qué conocimientos y capacidades deben adquirir sus alumnos.

**2. Determine cuáles de esos objetivos se pueden alcanzar mediante la investigación, y cuáles es mejor aprender a través de la enseñanza directa.** Puede elaborar un vídeo para representar los objetivos que pueden alcanzar con la enseñanza directa. Debe contar con sus propios vídeos o encontrar otros que expliquen los contenidos como usted quisiera enseñarlos. Recuerde que cada vez más profesores están poniendo en práctica algún tipo de modelo de la "clase al revés". Muchos de esos docentes están subiendo sus vídeos a internet, así que tal vez no sea necesario grabar los suyos propios. Si elaborar los vídeos le parece demasiado difícil, busque algunos ya producidos.

**3. Asegúrese de que sus alumnos tengan acceso a los vídeos.** Una vez que haya hecho o escogido los vídeos, debe asegurarse de que resulten accesibles para los estudiantes. Existen muchas formas de hacerlo, como subirlos a internet, alojar los archivos en los servidores del centro o grabarlos en un DVD. No hay una solución única para esta actividad. Basándonos en el trabajo que hemos hecho en muchos centros educativos, podemos afirmar que la respuesta es diferente en cada lugar.

Usted necesitará trabajar con el Departamento de Informática de su centro y descubrir qué funciona mejor para su situación particular. Hablaremos más sobre estos temas en el capítulo 7, que se ocupa de la estructura del aprendizaje para el dominio de la "clase al revés".

**4. Incluya actividades de aprendizaje interesantes para realizar en el aula.** Nosotros creamos un paquete por cada unidad que contiene notas complementarias al vídeo, todos los experimentos que los alumnos van a hacer y todas las hojas de trabajo sugeridas.

**5. Elabore varias versiones de cada evaluación sumativa para que los alumnos puedan demostrar su dominio de cada objetivo de aprendizaje en una unidad de estudio individual.** La forma más eficiente y efectiva de hacer esto es usar una base de datos de preguntas en un sistema de evaluación generado por ordenador. Actualmente, nosotros utilizamos el programa Moodle para crear y administrar nuestros exámenes (en el capítulo 7 incluimos más información al respecto).

Los paquetes que entregamos por cada unidad contienen una guía didáctica con una lista de objetivos, los vídeos correspondientes, lecturas del libro de texto, actividades de aprendizaje y prácticas de laboratorio. Nuestras guías de organización son una especie de mapas que permiten a los alumnos orientarse en la unidad de estudio y que les muestran la estructura general y las actividades de apoyo para conseguir cada uno de los objetivos de aprendizaje. A continuación puede ver un ejemplo de una de estas guías.

**Guía didáctica: Unidad sobre la teoría atómica**

**Atómica 1**

*Objetivo:* Ser capaz de discutir sobre la historia de la teoría atómica.
*Referencia:* Vídeo 1; texto 5.1; hoja de trabajo: "Teoría atómica 1".
*Actividades obligatorias:* Demostración del tubo de rayos catódicos (no se encuentra en el paquete; consulta a tu profesor).

**Atómica 2**

*Objetivo:* Ser capaz de determinar el número de protones, neutrones y electrones, y el nombre de un átomo.
*Referencia:* Vídeo 2; textos 5.2, 5.3; hoja de trabajo: "Teoría atómica 2".

**Atómica 3**

*Objetivo:* Entender los conceptos de masa atómica, los isótopos y la masa atómica promedio.
*Referencia:* Vídeo 3; texto 5.3; hoja de trabajo: "Teoría atómica 3".
*Actividades obligatorias:* Laboratorio Vegium.

**Atómica 4**

*Objetivo:* Entender la estructura básica de la tabla periódica.
*Referencia:* Vídeo 4; texto 5.4; hoja de trabajo: "Teoría atómica 4".
*Actividades obligatorias:* Comentar la estructura de la tabla periódica.

**Atómica 5**

*Objetivo:* Ser capaz de explicar los modelos del átomo.
*Referencia:* Vídeo 5; hoja de trabajo: "Teoría atómica 5".
*Actividades obligatorias:* Laboratorio del tubo misterioso (no se encuentra en el paquete; consulta a tu profesor).

**Atómica 6**

*Objetivo:* Explicar el modelo actual del átomo según la mecánica cuántica y su relación con los electrones.
*Referencia:* Vídeo 6; texto 13.2; hoja de trabajo: "Teoría atómica 6".
*Actividades obligatorias:* Hoja de trabajo: "Teoría atómica 6".

**Atómica 7**

*Objetivo:* Ser capaz de escribir las configuraciones de los electrones y las notaciones orbitales para los electrones de cualquier elemento.
*Referencia:* Vídeo 7; texto 13.2; hoja de trabajo: "Teoría atómica 7".

*Guía didáctica: Unidad sobre la teoría atómica 1.*

**Atómica 8**

*Objetivo:* Explicar la naturaleza ondulatoria de la luz.

*Referencia:* Vídeo 8; texto 13.3; hoja de trabajo: "Teoría atómica 8".

**Atómica 9**

*Objetivo:* Explicar cómo la luz revela la "posición" de los electrones en los átomos.

*Referencia:* Vídeo 9; texto 13.1; hoja de trabajo: "Teoría atómica 9".

*Actividades obligatorias:* Prueba de llama en el laboratorio: "Y se hizo la luz".

**Atómica 10**

*Objetivo:* Calcular la longitud de onda, la frecuencia, la energía y el "color" de la luz.

*Referencia:* Vídeo 10; texto 13.3; hoja de trabajo: "Teoría atómica 10".

**Atómica 11**

*Objetivo:* Ser capaz de comparar los tamaños de los átomos y los iones.

*Referencia:* Vídeo 11; texto 14.2; hoja de trabajo: "Teoría atómica 11".

**Atómica 12**

*Objetivo:* Comparar las energías de ionización de diferentes átomos.

*Referencia:* Vídeo 12; texto 14.2; hoja de trabajo: "Teoría atómica 12".

**Atómica 13**

*Objetivo:* Comparar las electronegatividades de diferentes átomos.

*Referencia:* Vídeo 13; texto 14.2; hoja de trabajo: "Teoría atómica 13".

*Actividades obligatorias:* Gráfica de la periodicidad.

*Guía didáctica: Unidad sobre la teoría atómica 2.*

# Capítulo siete

# La descripción del modelo de aprendizaje de la “clase al revés”

Ahora que ya conoce el modelo de aprendizaje para el dominio de la “clase al revés”, tal vez se pregunte por qué debería considerar la aplicación de este modelo. Le puede parecer que el hecho de empezar requiere un poco de esfuerzo, y tal vez no esté totalmente convencido de que este modelo vaya a funcionar en su entorno. La mayor parte de las razones que citamos en el capítulo donde se explica por qué debería usar el modelo de la “clase al revés” se presentan aquí, pero el modelo de aprendizaje para el dominio de la “clase al revés” aporta aún más beneficios que el primero.

El modelo de aprendizaje para el dominio de la “clase al revés” ha transformado por completo nuestras aulas, así como la manera cómo concebimos la educación y cómo interactuamos con nuestros alumnos. A continuación encontrará una lista de razones por las que defendemos este enfoque y por las que nunca volveríamos a emplear un modelo de enseñanza tradicional.

## Enseña a los alumnos a hacerse responsables de su propio aprendizaje

Cuando empezamos a desarrollar el modelo de aprendizaje para el dominio de la “clase al revés” nunca pensamos que cambiaría por completo todos los aspectos de nuestra vida profesional. Hoy nuestras aulas son laboratorios educativos en los que los estudiantes se hacen responsables de su propio aprendizaje. Cuando enseñábamos con un modelo tradicional, los alumnos solo tenían que “sentarse y recibir”. Esperaban que les dijéramos qué debían aprender, cómo aprenderlo, cuándo hacerlo y cómo demostrarnos que lo habían aprendido. A algunos estudiantes esto les funcionaba, pero otros sencillamente se desconectaban y se perdían.

Con el modelo de aprendizaje para el dominio de la "clase al revés", el aprendizaje es responsabilidad de los alumnos. Es decir, para alcanzar los objetivos de su enseñanza, deben hacerse responsables de su propio aprendizaje. A algunos estudiantes les pedimos que se apropien de su educación por primera vez; aprender ya no es una imposición y una pérdida de libertad, sino un interesante reto. Cuando el profesor cede el control del proceso de aprendizaje, el alumno toma las riendas y se lo apropia.

A principios de un año escolar, Jonathan tenía una alumna que solo quería "sentarse y recibir", porque era más fácil y así era como estaba acostumbrada a hacer las cosas en su centro educativo. Se encontraba físicamente presente en el aula, pero aprender en general entraba en conflicto con su vida social; solo esperaba poder arreglárselas con el esfuerzo justo y pasar con un 6. Tal vez podría haberlo hecho en un modelo más tradicional, pero con el modelo de aprendizaje para el dominio de la "clase al revés" tenía que demostrar al profesor que había entendido los conceptos.

Esta alumna se pasó el primer semestre peleándose con Jonathan. Él insistía en que debía aprender los conceptos, y la sorprendió copiando un par de veces, pero siguió explicándole que debía demostrarle que había comprendido los aspectos claves de la materia. Con el paso del tiempo, la alumna se dio cuenta de que el temario era más fácil y le exigía menos tiempo, si hacía un esfuerzo por aprender cuando le mandaban una tarea. Era una chica capaz, pero no le interesaban demasiado los estudios.

Hacia el mes de febrero, por fin llegó a la conclusión de que en eso de aprender valía la pena el tiempo y el esfuerzo, y decidió que el estudio sería su prioridad. En cuanto tomó esta decisión, empezó a progresar en lo académico: vio vídeos de temas por adelantado, comenzó a involucrarse en el proceso de aprendizaje, sus preguntas al profesor después de ver los vídeos se hicieron más complejas y, en general, se convirtió en una de las mejores alumnas de Jonathan.

Su historia no es atípica. Al principio, los estudiantes se preguntan: "¿Qué pasa con este sistema inusual?", pero a medida que empiezan a aceptarlo, comienzan a desarrollar una relación madura con la naturaleza del aprendizaje, el conocimiento y su papel en la educación. La mayor parte de nuestros estudiantes de Ciencias no van a convertirse en científicos, en ingenieros o en doctores, pero cuando les enseñamos que a hacerse responsables de su propio aprendizaje, les damos una de las lecciones más valiosas de sus vidas.

*Estaba buscando cómo hacer que los alumnos pasaran del modo pasivo, "tu responsabilidad es enseñarme", al modo de apropiación, "yo soy el responsable de lo que aprendo o de lo que me niego a aprender", cuando me encontré con su artículo en la revista "Learning & Leading with Technology" (Aprender y dirigir con tecnología, diciembre-enero, 2008-2009). Es la solución perfecta.*

**Jennifer Douglas,**
Escuela Secundaria Westside, Macon, Georgia.

## Permite personalizar y diferenciar fácilmente en el aula

Honestamente, cuando comenzamos con el modelo de aprendizaje para el dominio de la "clase al revés", no teníamos idea de lo que iba a pasar. No leímos ningún libro relacionado con el tema. No hicimos un estudio de caso. Ni siquiera pedimos permiso en la dirección del centro educativo. Como creíamos que este proyecto iba a ser bueno para nuestros alumnos, simplemente lo emprendimos. Por entonces ignorábamos que habíamos encontrado una forma sencilla de personalizar y diferenciar el aula para todos nuestros estudiantes.

Diferenciación es una palabra muy utilizada en la comunidad educativa en la actualidad. Cuando hablamos con docentes de muchas zonas diferentes, la mayor parte acepta que no consigue diferenciar muy bien dentro del aula porque no es físicamente capaz de satisfacer las necesidades individuales de todos sus estudiantes. Estos profesores tienen grupos grandes y poco tiempo, y se sienten abrumados por ello. Admiten que le dan clase a la mitad del aula: si enseñan la materia demasiado rápido, dejan a algunos alumnos atrás; si van muy despacio, los más avanzados se aburren.

## Permite que la enseñanza directa sea asincrónica, y esto hace posible diferenciar a cada alumno

En este enfoque el ritmo de la clase es el adecuado para cada estudiante, y esto permite personalizar su aprendizaje. Por ejemplo, Rachel, una futura ingeniera, nos llevó una tarea para probar que había dominado el objetivo propuesto. Era una de cuatro alumnos sobresalientes que tenían pensado asistir a una buena universidad y cambiar el mundo de la ingeniería. Si hubiéramos encontrado el más mínimo error en su trabajo, le hubiésemos pedido que lo identificara y lo corrigiera.

Ahora bien, si Sally, a la que le costaba muchísimo trabajo entender la Química, nos hubiera llevado la misma tarea para demostrar su dominio del objetivo, habríamos usado un baremo diferente. Primero, habríamos comprobado que hubiera alcanzado una comprensión básica que le permitiera tener éxito para alcanzar objetivos futuros. Si lograba ese tipo de comprensión, podríamos pasar por alto algunos errores menores.

Ahora vamos a señalar algunas características de este sistema. Procuramos no dejar que los alumnos avancen de un tema a otro hasta que no hayan alcanzado una comprensión sólida de los objetivos esenciales; de otro modo, solo los estaríamos preparando para un fracaso futuro. Quizá la breve anécdota que acabamos de contar pueda sonar como si encasilláramos a los estudiantes a principios de año y solo los evaluáramos en función de nuestras percepciones. Con el modelo de aprendizaje de la “clase al revés” interactuamos mucho con los alumnos y los conocemos tan bien que estamos modificando constantemente nuestras expectativas para cada uno de ellos, a medida que maduran como científicos y como estudiantes.

Reconocemos que nuestros alumnos no son máquinas que podamos programar, sino personas que llegan a nuestras clases con necesidades y experiencias distintas. Nuestro trabajo como profesores es ser conscientes en todo momento de esas necesidades y experiencias, y guiar a cada estudiante hacia el objetivo deseado de una forma que le resulte significativa. En términos básicos, las evaluaciones formativas son distintas, informales y diferentes para cada alumno, y nuestras expectativas cambian día a día.

> *Quiero enseñar a mis estudiantes a que establezcan su propio ritmo de aprendizaje. Los alumnos muchas veces le dan más importancia a la calificación que reciben que a la comprensión del material [...]; el método de aprendizaje para el dominio los obliga a asimilar y a entender de verdad el material, si quieren obtener buenas calificaciones.*
>
> **Brian Bennett,**
> escuela internacional en Seúl, Corea del Sur.

## Convierte el aprendizaje en el centro de la clase

Si entra en un aula en la que el profesor está en la parte de delante, hablando a los alumnos, ¿cuál cree que es el eje central del aula? El profesor. Si es una persona dinámica capaz de comunicar claramente un tema, los alumnos tendrán suerte, pero el foco del aula seguirá siendo el profesor.

“La gracia de la escuela es aprender”. Esta afirmación, que hizo uno de nuestros estudiantes, llega al fondo del modelo de aprendizaje para el dominio de la “clase al revés”. Nuestras aulas se han convertido en laboratorios para el aprendizaje donde el eje central del aula gira en torno a lo que los alumnos han aprendido o han dejado de aprender. Ya no les presentamos material, no les ofrecemos oportunidades de aprendizaje, ni les proponemos un examen y esperamos que todo salga bien.

Por el contrario, los alumnos vienen a la clase con el propósito explícito de aprender. Les ofrecemos todas las herramientas y materiales que necesitan para lograrlo y luego les ayudamos a desarrollar un plan para saber cómo y cuándo van a lograrlo. El resultado depende de cada estudiante. Nuestra clase es más una conversación que una simple difusión de conocimientos; esperamos que los alumnos vengan a la clase y continúen con el proceso de aprendizaje, o que demuestren que dominan los objetivos.

Cuando el aprendizaje se convierte en el centro de la clase, los estudiantes deben trabajar igual de duro que el profesor. Esto quiere decir que sus mentes están involucradas en el proceso, y que ya no se les expone pasivamente a la información. Hemos comenzado a llamar a nuestras aulas "espacios de aprendizaje", para expresar la transición de la educación como una tarea del docente hacia una tarea de los alumnos.

El término "clase" tiene muchas connotaciones y pone énfasis en el profesor como el centro del proceso. Evoca imágenes de un docente al frente del aula, con una tiza en la mano, difundiendo su conocimiento entre las masas. En una clase el educador habla y los alumnos escuchan; el profesor "enseña" y espera que los estudiantes "aprendan".

Cuando nosotros, como educadores, empezamos a llamar a nuestras aulas "espacios de aprendizaje", nos obligamos a cambiar la forma en la que pensamos acerca de lo que ocurre en ellas. Cuando hablamos a nuestros alumnos sobre este cambio de nombre, se dan cuenta de que el objetivo de la enseñanza es aprender, no recibir clases, y cuando se percatan del gran poder que tiene el aprendizaje por el aprendizaje mismo, nuestros centros educativos se convierten en "espacios de aprendizaje".

## Ofrece a los alumnos retroalimentación inmediata y reduce el papeleo de los docentes

Las evaluaciones formativas informales que mencionamos en el apartado anterior eliminan la necesidad de que el profesor acumule y califique montañas de papeles. Además, los alumnos ya no deben esperar días o semanas para recibir la retroalimentación que necesitan sobre una tarea en particular.

Por lo general, los alumnos nos traen su trabajo terminado y hablan con nosotros sobre los elementos claves de cada objetivo. Durante esta conversación, revisamos qué ha comprendido y qué confusiones puede tener todavía cada estudiante. En vez de llevarnos el trabajo del estudiante a casa, lo "calificamos" de inmediato, con el alumno presente. Así, él mismo puede identificar los aspectos que no ha entendido; debatimos cuáles son sus dudas y diseñamos un plan de acción para que pueda resolverlas.

Si el estudiante demuestra que domina el objetivo del tema en cuestión, le ayudamos a planificar los pasos necesarios para dominar el siguiente. Estos momentos son fundamentales para aclarar las dudas, para desafiar a nuestros alumnos más brillantes para que vaya un paso más adelante, y para ayudar a todos a ver las cosas encuadradas dentro de su contexto. Con frecuencia, los estudiantes aprenden objetivos aislados y no llegan a entender cómo se relacionan con otros temas. Estas conversaciones privadas o en grupos pequeños les permiten alcanzar un mayor nivel de asimilación y comprensión.

Un profesor que ha adoptado este modelo de aprendizaje, Brett Willie, de Texas, tuiteó hace poco un comentario acerca de la reacción que tuvieron sus alumnos cuando les pidió que le demostraran que habían entendido cierto contenido. Dijeron: "Profesor, era más fácil cuando no teníamos que demostrar nada. ¿No podemos volver a hacer un examen y ya?". Las opiniones de los estudiantes sobre el modelo de aprendizaje para el dominio de la "clase al revés" ponen en evidencia que aprender algo en profundidad implica mucho trabajo. Los alumnos que trabajan con este enfoque se dan cuenta rápidamente de que el objetivo de la clase no es solo aprobar los exámenes, sino progresar y aprender de verdad.

Nuestros estudiantes realizan las evaluaciones de cada unidad en los ordenadores de clase. Los programas que usamos para preparar exámenes califican su evaluación y les entregan de inmediato los resultados. Los alumnos nos comunican los resultados de cada evaluación y nosotros revisamos el examen con ellos. Luego conversamos sobre las cosas que han entendido y las que no. En general, podemos ver un patrón de errores que nos ayuda a desarrollar un plan de nivelación adecuado para cada uno de ellos.

Ya no hay que esperar que el profesor se lleve los exámenes a casa, los califique, los devuelva y luego revise el examen con el grupo. A cada alumno se le da de forma oportuna la retroalimentación que necesita para corregir rápidamente los errores que le impiden dominar los objetivos. Esta retroalimentación inmediata es un elemento fundamental en el modelo de aprendizaje para el dominio de la "clase al revés", pues los alumnos deben dominar cada objetivo antes de pasar a la siguiente unidad.

He decidido hacer que mi clase parezca algo así como un desafío o un juego. Más que unidades, los alumnos van a ir de un "nivel" a otro. Más que aprobar un examen, van a "abrir" el siguiente nivel. Creo sinceramente que esto suena mejor que decir a nuestros estudiantes: "Mirad, en cuanto terminéis estas hojas de trabajo tenéis derecho a hacer un examen. Y luego ya podéis completar las siguientes hojas de trabajo".

*El programa Desire2Learn ("deseo de aprender") permite que aparezca en la pantalla un mensaje cuando aprueban o suspenden un examen. Me gustaría tener un mensaje en vídeo en el que salieran distintas personas diciendo: "¡Buen trabajo, estudiante de Química, has dominado con éxito este nivel!", o algo así. Voy a ver si puedo conseguir a alguien como Kareem Jackson, que se graduó de la Secundaria Westside y el año pasado la seleccionaron en la primera vuelta para la NFL. ¿No sería genial? ¡Así, resultaría emocionante ver quién más aparece cada vez que tienen un examen! Lo que sucede es que estamos en un lugar en el que los chicos necesitan toda la motivación posible.*

**Jennifer Douglas,**
Escuela Secundaria Westside, Macon, Georgia.

## Ofrece oportunidades para la nivelación

No todos los alumnos demuestran dominio de los contenidos a la primera oportunidad. ¿Qué pasa cuando un estudiante no aprende a la primera? En un aula tradicional, la clase sigue con o sin los alumnos que no entendieron. El profesor establece el ritmo de la clase en función del material que debe impartir ese día en particular. En el modelo tradicional, algunos alumnos se quedan todavía más rezagados, sus calificaciones empeoran y son sancionados por ir más despacio.

Nosotros no penalizamos a los alumnos que llevan un ritmo más lento; por el contrario, les ofrecemos muchas oportunidades para volver a aprender y para lograr su nivelación académica. Una parte fundamental de la retroalimentación inmediata es que tenemos la oportunidad de trabajar con los alumnos y detectar a tiempo sus dudas y confusiones. Cuando caminamos por nuestras aulas, les ofrecemos es una retroalimentación constante en su proceso de aprendizaje.

Esto suele ocurrir así: uno de nosotros se acerca a un alumno o grupo de alumnos y les pregunta en qué están trabajando. Luego comprueba su progreso mediante una revisión del trabajo en curso o con ayuda de preguntas guiadas. Si advierte algún problema en su comprensión, despejará las dudas en el acto. Esta retroalimentación inmediata evita que muchos problemas de antemano.

En el desarrollo de cada unidad del temario suele haber estudiantes a quienes les cuesta trabajo entender algunos objetivos particulares. Nosotros los identificamos y pasamos algún tiempo con ellos, en grupos pequeños, para mantener una sesión de enseñanza o repaso. Algunos de estos alumnos nos comentan que este tipo de atención es el mejor momento de aprendizaje que han tenido.

Cuando los estudiantes responden la evaluación de la unidad, algunos, invariablemente, obtienen una mala calificación. Estos alumnos trabajan de forma individual con nosotros para encontrar juntos la mejor estrategia para lograr su nivelación; en ese momento notamos que los chicos no están captando todos los conceptos y no pueden entender algunos aspectos fundamentales. Una vez que las dudas se aclaren, los alumnos estarán listos para seguir adelante.

## Permite asimilar los contenidos por distintos medios

Hace poco tiempo nos presentaron el Diseño Universal para el Aprendizaje (*Universal Design for Learning*, UDL[6]), una teoría del aprendizaje que tuvo su origen en la

[6] Para ampliar información, consulte la página http:// www.udlcenter.org [N. de la E.].

Universidad de Harvard. Los principios básicos del UDL consisten en ofrecer a los alumnos diversos medios de representación, expresión y vinculación.

Nuestra preocupación principal es que los estudiantes dominen los objetivos que hemos establecido; sabemos que nuestros vídeos no tienen por qué ser el medio idóneo para todos los alumnos, así que para ofrecerles diferentes medios de representación, les damos otras opciones para aprender. Además de los vídeos, las tareas y el trabajo de laboratorio, cada conjunto de objetivos hace referencia a una sección en el libro de texto del alumno.

Muchos estudiantes aprenden con nuestros vídeos, otros lo hacen con sus libros de texto, y otros encuentran información sobre nuestros objetivos en internet. El aprendizaje no se produce en una sola dirección, y ya no pedimos a los alumnos que vean los vídeos, si prefieren no hacerlo. Permitirles que decidan la forma en la que prefieren aprender les ha dado mucho poder: ahora se dan cuenta de que aprender es su responsabilidad. Enseñarles esta lección de vida nos parece mucho más importante que el contenido de Ciencias de la clase.

Los alumnos tienen la libertad de aprender mediante sus propias estrategias. Una de las consecuencias de esto es que están descubriendo cuáles son las mejores maneras de aprender. Al ofrecerles la opción de decidir cómo quieren aprender algo, toman el control de su propio aprendizaje. Las tareas que solicitamos a los alumnos les ofrecen diversas formas de demostrar que han aprendido. Antes simplemente les pedíamos a todos que resolvieran cada uno de los problemas de las tareas de manera satisfactoria. Actualmente nos encontramos en el punto en que no nos importa cómo aprende cierto objetivo un estudiante: solo queremos que lo haga.

Ofrecemos vídeos, hojas de trabajo y tareas de laboratorio que creemos que pueden ayudar a todos los alumnos a dominar los objetivos propuestos, y básicamente les pedimos que nos demuestren que se están acercando al dominio de cada objetivo.

> *Los alumnos que tradicionalmente son considerados unos fracasados se han acercado a mí para preguntarme cómo "conseguir" que sus otros profesores usen este método. Los estudiantes que nunca prestan atención de pronto comienzan a escuchar los vídeos; al presionar el botón de "play", de algún modo sienten que tienen el control y deciden empezar a aprender.*
>
> *Y el método también funciona muy bien para los alumnos que entienden los conceptos más rápido; les encanta ir delante de sus compañeros. Asimismo, los alumnos de educación especial (también hice esto en mis clases colaborativas) fueron capaces de trabajar en el material con sus profesores, los cuales estaban encantados de tener acceso al contenido con ellos.*

*A los alumnos realmente les gusta ser capaces de elegir en qué orden van a trabajar. Con cada presentación, hice varias tareas de apoyo (trabajo de laboratorio, hojas de trabajo, pequeños proyectos). Algunos preferían escuchar primero todo el contenido, luego llenar todas las hojas de trabajo y después empezar "la diversión" (el trabajo de laboratorio). Otros preferían un orden diferente. Cada uno podía hacer las cosas a su manera, ¡y disfrutaron mucho del poder que esto les otorgaba!*

*Durante estas actividades casi nunca tuve alumnos que se sentaran con los brazos cruzados. Como ellos mismos podían elegir qué hacer, estaban dispuestos a trabajar más. Los pocos que necesitaban algún estímulo extra para ponerse a trabajar lo obtuvieron de mí, y no hizo falta retrasar al resto del grupo.*

**Jennifer Douglas,**
Secundaria Westside, Macon, Georgia.

## Ofrece múltiples oportunidades para verificar la comprensión

Otro elemento clave del UDL que hemos adoptado es la posibilidad de ofrecer a nuestros alumnos diversos métodos para expresarse. Estos deben ser flexibles y permitir que el alumno tome sus propias decisiones.

Cuando comenzamos con el modelo de aprendizaje de la "clase al revés", insistimos en que los alumnos debían contestar bien al menos el 75% de las preguntas en todas las evaluaciones de la unidad. Cuando reflexionamos sobre la forma en que estábamos evaluando a los alumnos, nos dimos cuenta de que no a todos "les quedaba bien el mismo zapato". Hablamos con nuestros estudiantes sobre la posibilidad de que nos demostraran que habían comprendido el tema de diversas formas; y ahora les permitimos que nos muestren su dominio de los objetivos de múltiples maneras, entre las que se encuentran las siguientes:

- Exámenes generales de la unidad.
- Exposiciones orales.
- Presentaciones detalladas en PowerPoint.
- Vídeos de corta duración.
- Un texto escrito en el que demuestren que comprenden los conceptos.
- Otros métodos desarrollados por ellos.

Hace poco, Jonathan tuvo un estudiante que le preguntó si en vez de escribir un texto detallado podía explicarle lo que había aprendido. Aunque sin duda la escritura tiene su propio valor, su exposición fue cuidadosa y completa. Había entendido bien lo que se le había enseñado, pero para él era más fácil explicarlo de forma oral, y además así tenía la oportunidad de poner en juego sus habilidades verbales.

Jonathan también tuvo un alumno que le mandó un mensaje de texto en el que le preguntó si para su evaluación podría desarrollar un juego de vídeo. Jonathan accedió a esta propuesta de evaluación alternativa sin tener la menor idea de cómo sería el producto final. Este estudiante, Nic, estableció un nuevo y novedoso baremo para las evaluaciones: unos días después de enviar el mensaje de texto, llegó a la clase con su consola de vídeojuegos, la conectó a la pizarra interactiva y procedió a asombrarnos a todos con el juego que había diseñado y con la demostración de que había comprendido los objetivos de aprendizaje que le habíamos planteado.

Jonathan estaba tan sorprendido que inmediatamente me mandó un mensaje; estaba tan emocionado que el texto resultaba incomprensible, por lo que tuve que ir su aula para entender de qué se trataba aquello. Cuando llegué, él seguía igual de perplejo ante la forma en que el alumno había demostrado creativamente su comprensión del tema. Yo saqué de inmediato la videocámara digital para documentar este ejemplo. Luego, todos los estudiantes pidieron una oportunidad para jugar, y algunos hasta preguntaron si su evaluación podría consistir en "superar" los distintos niveles del juego (que se correspondían con los objetivos de aprendizaje).

Este alumno decidió inscribirse en nuestro seminario avanzado, en el que hemos decidido desarrollar más evaluaciones como esta, basadas en juegos para el *iPad* y el *iPod*. Su objetivo es dejarlos como legado para los futuros estudiantes de la Escuela Secundaria Westhill y, finalmente, venderlos en la App Store de Apple.

Aaron tuvo un alumno al que le costaba mucho completar sus exámenes en el ordenador, por lo cual decidió escribir a mano todo lo que sabía sobre cada objetivo. Era capaz de comunicar claramente su comprensión de los temas, y siempre incluyó ejemplos matemáticos que eran diferentes a los desarrollados en los vídeos o en las tareas. Se podía comprobar que entendía bien los conceptos; simplemente le costaba más trabajo demostrar sus conocimientos en un examen generado por el profesor.

Todos estos estudiantes fueron capaces de demostrar claramente su dominio de los objetivos, pero no habrían podido hacerlo si no hubiéramos asimilado los principios del UDL con el modelo de aprendizaje del dominio de la "clase al revés".

## Transforma el papel del docente

En vez de ponernos de pie frente a la clase para transmitir información y ser el centro de atención, dedicamos nuestro tiempo a hacer algo más importante: ayudar a los alumnos, dirigir grupos pequeños y trabajar con aquellos a quienes les cuesta más esfuerzo aprender. Recorremos la clase, atendemos a los estudiantes y trabajamos con ellos en los objetivos claves.

La mejor analogía que se nos ocurre es la de compararnos con un entrenador que apoya a sus jugadores. Nosotros estamos ahí para motivar a nuestros alumnos a lo largo del camino del aprendizaje. Necesitan un entrenador que los acompañe y los guíe mientras descubren el conocimiento. Así tenemos más oportunidades de alentar a los alumnos, de mostrarles lo que están haciendo bien y de aclarar sus dudas.

Esto cambia por completo la dinámica de la clase. Para el alumno, el tiempo de clase es una experiencia de aprendizaje, y no un ir y venir de datos. Cuando empezamos, a Jonathan en particular le costó mucho trabajo abandonar el modelo de la enseñanza directa. Era un buen conferenciante. Pero con el tiempo, cuando vio que sus estudiantes estaban aprendiendo de verdad, renunció con gusto a practicar la enseñanza como ponente ante un grupo.

## Enseña a los alumnos el valor de aprender, en vez de "jugar a la escuela"

¿Alguna vez ha tenido en su clase estudiantes que son buenos para "jugar a la escuela"? Llegan al aula más preocupados por sacar una buena calificación que por aprender. En general, son los primeros que piden una oportunidad para obtener puntos extra, y en los exámenes prefieren las preguntas de memorización que las cuestiones profundas y reflexivas.

Lamentablemente, nuestro sistema educativo ha limitado a estos alumnos al fomentar un entorno en el que el éxito se mide por la capacidad para recordar información. Tal vez sean capaces de "regurgitar" esa información durante un examen, pero lo cierto es que no han aprendido demasiado.

Cuando estos estudiantes entran a nuestra clase, con un modelo de aprendizaje para el dominio de la "clase al revés", suelen sentirse frustrados. Llevan muchos años aprendiendo a "jugar a la escuela" y no han desarrollado la capacidad para aprender de verdad. El aprendizaje de la "clase al revés" les obliga a aprender en vez de memorizar. Hemos visto cómo estos alumnos mejoran significativamente en la clase: llegan algo frustrados al aula, pero salen de ella con la capacidad de aprender adquirida.

> *Algunos estudiantes han expresado lo mucho que les frustra el proceso. Suelen quejarse porque los hago volver a contestar un examen cuando les va mal. Solo quieren completar una lista de tareas, y no les importa si realmente han entendido el temario.*
>
> **Melissa de Jong,**
> Escuela Secundaria Roosevelt, Sioux Falls, Dakota del Sur.

## Es fácil de reproducir, de adaptar y de personalizar

En una conferencia a la que fuimos hace poco, uno de los participantes nos brindó una interesante y positiva retroalimentación: dijo que el modelo de aprendizaje de la "clase al revés" es fácil de adaptar. Lo que hacemos puede reproducirse y personalizarse con facilidad en diversos entornos educativos. Los docentes en activo se dan cuenta de que el aprendizaje para el dominio de este modelo de enseñanza es una herramienta fácil de utilizar.

Hace un par de años, Dwight Jones, el excomisionado de Educación del estado de Colorado, acudió a nuestra zona escolar de visita. Jonathan estaba por casualidad en las oficinas centrales y lo invitaron a charlar sobre el modelo de aprendizaje para el dominio de la "clase al revés". A Jones le interesó mucho el modelo y quiso saber más, así que lo llevamos a nuestra clase y pudo hablar con alguno de nuestros alumnos.

Más tarde, Jones hizo un comentario interesante: "¡Y todo esto sucedió en Woodland Park!". De inmediato se retractó; lo que quería decir con esto era que este modelo no había surgido en uno de los distritos escolares más grandes y más ricos, los distritos "de élite" de nuestro estado. La cuestión es que si pudo hacerse en nuestra pequeña localidad y con un mínimo de recursos, puede hacerse en cualquier otro sitio.

Y lo que es más: habíamos decidido comenzar a aplicar este modelo en una clase de Química, una clase con sustancias peligrosas y mucha preocupación por la seguridad. Mucha gente con la que hemos compartido este modelo por todo el país cree que fue una locura desarrollarlo en una clase como la de Química, pero a nosotros nos pareció que el modelo tenía potencial suficiente para ello. Resulta que somos profesores de Química y pensamos que era lo mejor para los estudiantes. ¡Y teníamos razón! Así que si el aprendizaje mediante el modelo de la "clase al revés" pudo implementarse con éxito en un pequeño lugar, con pocos recursos y en una "peligrosa" clase de Química, puede hacerse en cualquier sitio.

## Aumenta la interacción personal con el docente

Cuando empezamos a usar el modelo de aprendizaje de la "clase al revés", a algunos padres de familia les preocupaba que se redujera la interacción entre los profesores y los alumnos. Un padre formuló muy bien este temor: "Debo admitir que al principio era escéptico con respecto a los vídeos. Me daba miedo que redujeran el contacto directo con los estudiantes, y que no contestaran a sus preguntas sobre la exposición. Ahora me alegra decir que estaba muy equivocado. Han encontrado una forma de incrementar la cantidad de tiempo de enseñanza que tienen en sus clases, y siento que a mi hijo le está yendo muy bien". Así pues, el aprendizaje para el dominio aumenta la interacción profesor/alumno.

*Algunos padres eran escépticos porque al principio pensaron que no iba a trabajar con los alumnos en la clase. Hablé con algunos, les expliqué cómo funciona el modelo, y la mayoría fue muy receptiva y mostró su entusiasmo por este método.*

*Los padres se dan cuenta de que estoy tratando de ser respetuoso con el tiempo de sus hijos, y este método me permite hacerlo con mucha facilidad. Igualmente aprecian la cantidad de horas que paso trabajando de forma personalizada con los chicos durante el tiempo de clase.*

*También han comentado que a los estudiantes a los que siempre les iba mal en las clases de Ciencias les está yendo mucho mejor con este modelo, y que se estresan menos cuando deben hacer la tarea en casa porque tienen un acceso permanente a los contenidos que necesitan.*

**Brian Bennett,**
escuela internacional en Seúl, Corea del Sur.

## Asegura que todos los alumnos se involucren

En una clase con el modelo de aprendizaje de la "clase al revés", los estudiantes son los responsables de su propio aprendizaje. Hace unos años, Jonathan era formador en el área de la Investigación Neurológica y sus aplicaciones en la educación. Con frecuencia citaba esta frase para retratar este campo de estudio: "El cerebro de quien trabaja está en crecimiento".

Cuando usted entra en un aula tradicional, ¿de quién suele ser el cerebro que está trabajando? En muchas clases se encuentra con que el profesor está de pie frente a los alumnos, tal vez presentando una lección en PowerPoint o incluso exponiendo un tema con una pizarra interactiva. Lamentablemente, el que más trabaja es el cerebro del profesor, mientras que los cerebros de los estudiantes, que escuchan pasivamente, están mucho menos activos.

Una clase en la que se aplica el modelo de aprendizaje de la "clase al revés" se ve muy diferente. Los alumnos se ocupan de diversas actividades: hacen deberes, ven un vídeo en un portátil, debaten un tema con el profesor, llevan a cabo actividades prácticas y trabajan en pequeños grupos de aprendizaje. ¿Qué cerebros están trabajando aquí? Queda claro que son los estudiantes.

## Hace que las actividades prácticas estén más personalizadas

Las actividades prácticas ayudan a los alumnos a aprender de forma diferente la enseñanza directa. Esto se puede aplicar especialmente a las ciencias. Los estudiantes no pueden aprender solo sobre ciencia, deben hacer ciencia para aprender. Cuando los alumnos efectúan experimentos están viviendo la ciencia y construyendo su conocimiento de los conceptos científicos. Si se hacen bien, estas actividades prácticas les ayudarán a cuestionar, procesar y analizar todo lo que han realizado.

Antes de usar el modelo de aprendizaje de la "clase al revés", llevábamos a cabo estas actividades en un grupo grande. Toda el aula recibía indicaciones para hacer el experimento y todos los alumnos hacían las mismas actividades de forma simultánea. Desde el punto de vista de la logística, esto puede llegar a ser muy eficicaz, pero no necesariamente es lo mejor para los chicos.

Como el modelo de aprendizaje de la "clase al revés" es asincrónico, los alumnos pueden llevar a cabo los experimentos cuando estén listos para hacerlo. El momento puede variar según cada estudiante. En general, llevamos a cabo los experimentos con grupos de cuatro o cinco alumnos. Antes de empezar ponemos en común con el grupo los propósitos de la actividad y las normas de seguridad que deben cumplirse.

Como solemos hacerlo en grupos pequeños, podemos mirar a los alumnos a los ojos y saber si entendieron bien lo que deben hacer y cómo hacerlo de forma segura. Los alumnos se involucran mejor en estas actividades cuando están en grupos pequeños, y nosotros creemos que se sienten más seguros porque reciben las instrucciones de seguridad de manera individualizada.

## Incrementa el interés en las demostraciones del profesor

Como ocurre con las actividades de laboratorio, uno de los componentes claves de la mayoría de las clases de Ciencias son las demostraciones que realiza el profesor. En nuestra clase de Química hervimos agua al añadir hielo, quemamos papel con vapor e incluso hacemos que los alumnos "nos prendan fuego".

Antes hacíamos estas demostraciones como parte de nuestras exposiciones frente a la clase. Con el modelo de la "clase al revés" seguíamos haciendo estas exhibiciones para toda el aula; pero aunque solo tuviéramos unos treinta alumnos, únicamente algunos, los que tenían los "mejores asientos", podían ver lo que estaba pasando, y solo algunos podían participar, por una cuestión de tiempo. Además, únicamente tomaban parte en la discusión unos cuantos estudiantes (en general los más brillantes, que de todos modos ya conocían las respuestas).

Ahora que nuestras clases son asincrónicas, llevamos a cabo estas demostraciones cuando los alumnos están listos para verlas. Esto quiere decir que las hacemos muchas veces para una misma clase a lo largo de unas cuantas semanas, frente a grupos más pequeños de estudiantes. En los grupos pequeños todos pueden ver lo que está pasando: todos se arremolinan alrededor de una demostración interesante. Antes, en la demostración en la que nos prenden fuego, solo uno o dos podían hacerlo, pero ahora todos los alumnos tienen la oportunidad de "incendiarnos". Así, cuando sus padres les preguntan qué han hecho hoy en la escuela, ellos podrán responder con orgullo y sentido del humor: "Le he prendido fuego a mi profesor".

Nos parece que estas demostraciones más personalizadas mejoran la comprensión de los diferentes temas del currículo. Al llevar a cabo demostraciones con el modelo de aprendizaje de la "clase al revés", permitimos que todos los estudiantes participen en el debate, en lugar de esperar a que los alumnos más avanzados lo hagan. Dividirlos en grupos pequeños para las demostraciones es uno de los cambios que más contribuyen al éxito de este tipo de modelo de aprendizaje. De esta manera ellos reciben, día a día, una educación más personalizada.

## Hace más fácil a los profesores ayudar a los alumnos

Cuando visitamos a otros docentes, nos enteramos de que se sienten frustrados por tener alumnos que no están aprendiendo. Aun así, los profesores buscan hacer lo que sea mejor para sus estudiantes. El modelo de aprendizaje de la "clase al revés" nos ha hecho recordar la razón por la cual decidimos convertirnos en docentes: para ayudar a los chicos. En este tipo de aprendizaje, quienes importan son los alumnos.

Comenzamos el proyecto con un presupuesto limitado, pero hemos sido capaces de transformar nuestras aulas profundamente. El aspecto más notable de nuestro recorrido es que finalmente nos hemos dado cuenta de que no estamos haciendo nada nuevo. Durante siglos se esperó que los alumnos llegaran al aula preparados para exponer los aprendizajes obtenidos y relacionarlos con el conocimiento que habían adquirido previamente. Desafortunadamente, en algún punto de la historia de la humanidad se adoptó la exposición de la clase como pilar central de nuestra pedagogía educativa, y desde entonces los centros educativos han estado tratando de liberarse de esta opresión.

Nosotros simplemente adaptamos algunos buenos principios educativos y los combinamos entre sí con ayuda de las nuevas tecnologías para "cambiar la cara" de la educación. Para crear el modelo de aprendizaje de la "clase al revés" hemos aplicado el Diseño Universal para el Aprendizaje, el método basado en proyectos y en la calificación de objetivos y estándares y diversas tecnologías educativas.

# Capítulo ocho

# ¿Cómo aplicar el modelo de aprendizaje de la "clase al revés"?

Imagine que usted, ya está convencido de que quiere poner en marcha el modelo de aprendizaje de la "clase al revés", pero todavía le quedan algunas dudas, hay muchos detalles logísticos que resolver. ¿Qué pasa con el factor X?, ¿y con el Y? ¿Qué características tendrá el modelo en sus circunstancias particulares? Aunque existen algunas similitudes entre los docentes que han "dado la vuelta" a sus aulas, no existe la "clase al revés" como tal, así que, ¿por dónde debemos comenzar?

Nosotros hemos aplicado el modelo de aprendizaje de la "clase al revés" desde el año 2008, y hemos cometido muchos errores que usted no tiene por qué cometer. Como ya hemos dicho anteriormente, nuestra intención es que aprenda de nuestros errores para que pueda mejorar el modelo. Una de los aspectos que hemos constatado a medida que va aumentado el número de personas que adoptan este modelo es la fuerza del grupo.

Nosotros hemos construido una Ning[7] en la que pueden interactuar los docentes que están trabajando en algún tipo de "clase al revés". De ellos hemos aprendido muchísimo sobre cuál es la mejor manera de implantar este modelo. Aquí compartimos algunas respuestas a las preguntas más frecuentes sobre el modelo de aprendizaje para el dominio de la "clase al revés".

## 1. ¿Qué hacer el primer día? Introduzca a los alumnos en el modelo

Cuando empezamos con este modelo de aprendizaje, nos pareció que lo mejor era introducir a los alumnos en el modelo poco a poco. Comenzamos pidiendo a todos

[7] Una comunidad en línea disponible en vodcasting.ning.com [N. de los autores.].

los estudiantes que vieran el mismo vídeo cada tarde. Básicamente pusimos en marcha un modelo "al revés" normal y luego hicimos la transición a un modelo de aprendizaje para el dominio de la "clase al revés". Pero esto resultó ser un error.

Durante el primer año de implementación esperábamos que mantener a los alumnos juntos trabajando en la unidad 1 les diera la oportunidad de resolver cualquier inconveniente técnico, y a nosotros nos permitiera introducirlos paulatinamente en el modelo, porque era muy diferente de cualquier cosa que hubieran visto antes.

Subestimamos por completo a nuestros alumnos: ellos se adaptaron muy rápido y cuando les hicimos cambiar del modelo de la "clase al revés" al modelo de aprendizaje para el dominio de la "clase al revés" provocamos una confusión innecesaria. Como cualquier docente experimentado sabe, las primeras semanas de clases son esenciales para establecer las reglas y las rutinas. Preparar a los alumnos en un modelo y a las tres semanas cambiar los procedimientos no es una buena forma de gestionar la clase.

Actualmente, presentamos a los estudiantes el modelo de aprendizaje para el dominio de la "clase al revés" casi de inmediato. Respondemos sus preguntas y pasamos bastante tiempo debatiendo lo importante que es que se hagan responsables de su propio aprendizaje. Los alumnos suelen visualizar un vídeo de corta duración en el que les explicamos en qué consiste este modelo. El vídeo tiene clips de estudiantes de generaciones anteriores, que les dan algunos consejos sobre cómo obtener éxito en este modelo.

El aprendizaje para el dominio de la "clase al revés" se ha convertido ya en parte integral de la cultura de nuestro Departamento de Ciencias. El director nos comentó que, por lo general, lleva tres años asimilar cualquier cambio como parte de los contenidos curriculares de un centro educativo. El primer año es el más difícil, en el segundo año se resuelven la mayor parte de los problemas y en el tercero ya se convierte en parte de la cultura del centro.

Este es exactamente el patrón el que seguimos al implantar el modelo de aprendizaje para el dominio de la "clase al revés". Ahora ya nos encontramos en nuestro tercer año, el aprendizaje para el dominio es parte de la cultura del centro y el modelo funciona sin problemas.

## 2. Informe a los padres sobre el modelo de aprendizaje

Para informar a los padres sobre el modelo pedagógico que seguimos solemos enviarles una carta a sus casas. Ellos necesitan recibir información sobre este modelo porque se trata de algo muy novedoso. Lo que más les suele preocupar es nuestro método de evaluación, que explicaremos más adelante.

En general, se requiere mantener una comunicación constante con los padres para ayudarles a entender tanto nuestro método como las razones por las que lo estamos aplicando. Cuando hablamos sobre las ventajas del modelo de aprendizaje para el dominio de la "clase al revés", ellos mismo se dan cuenta de que sus hijos serán los principales beneficiados, y en general suelen mostrarse colaboradores. Al principio, mostraron cierta resistencia al cambio, pero con el tiempo han podido comprobar que el aprendizaje con este método es la mejor forma de sacar mayor partido los estudios de sus hijos.

## 3. Enseñe a los alumnos cómo ver los vídeos e interactuar con ellos

En el inicio del proceso, uno de los pasos esenciales es enseñar a sus alumnos cómo visionar los vídeos. Esto es comparable a enseñarles a leer o a usar un libro. Ver un vídeo de este tipo no es lo mismo que ver una película o un programa de televisión, los vídeos educativos se deben ver del mismo modo que se leería un libro de texto informativo, en contraste con un libro de ficción.

Nosotros pedimos a los alumnos que eliminen cualquier distracción: no deben ver el vídeo al mismo tiempo que tienen Facebook abierto en el ordenador, escuchan música en un *iPod* con los auriculares, mandan mensajes de texto desde el teléfono móvil o hacen la cena... Para preparar a los alumnos, los primeros días del curso vemos los vídeos con ellos. Solemos usar a menudo el botón de pausa, y detenemos el vídeo para poder señalarles algunos puntos clave del mismo.

En un determinado momento del proceso, solemos ceder el control de los botones de pausa y retroceso a alguno de los alumnos de la clase. Este, como es lógico, procesará la información a su manera, probablemente a un ritmo diferente del de la mayor parte de la clase. Esto ocasionará que todos los alumnos quieran controlar el vídeo, y precisamente en eso consiste nuestro objetivo.

Después de ver uno de estos vídeos en clase, hablamos con los estudiantes sobre lo bueno que sería que todos tuvieran el control de su propio botón de pausa. Por supuesto que van a tener el control durante el resto del año, pero tomar conciencia de esto les ayuda a darse cuenta del valor de los vídeos y, lo más importante, del control que asumirán sobre su propio aprendizaje.

Durante este período de entrenamiento también les enseñamos algunas habilidades para tomar apuntes de forma resolutiva. Hay muchas buenas formas de tomar apuntes, pero nosotros somos unos defensores entusiastas del sistema de apuntes de Cornell[8]. Les proporcionamos una plantilla de apuntes Cornell y les

[8] Es un sistema de estudio creado por el Dr. Walter Paulk de la Universidad de Cornell . Consiste en dividir la página en tres zonas: de indicios, para tomar apuntes y para resumir. Para

pedimos que usen este sistema, no solo para anotar los puntos claves sino también para formular preguntas y para sintetizar lo que han aprendido.

## 4. Pida a los alumnos que formulen preguntas interesantes

Cuando comprobamos si los estudiantes han visto realmente el vídeo, uno de los requisitos es que nos formulen preguntas interesantes. Esto funciona especialmente bien en nuestro curso de primer grado sobre Ciencias de la Tierra y del Espacio. Las únicas condiciones que deben cumplir las preguntas son las siguientes: tienen que estar relacionadas con el vídeo y el alumno no debe conocer las respuestas.

Estas interacciones con los estudiantes se cuentan entre los momentos más enriquecedores que tenemos en el aula. Ellos suelen formular las preguntas de manera individual o en pequeños grupos. Cada estudiante debe proponer al menos una por vídeo. Durante estas sesiones de preguntas y respuestas, los alumnos suelen plantearnos cuestiones cuyas soluciones no conocemos, y trabajamos con ellos para encontrarlas.

Las preguntas de los estudiantes, con frecuencia, revelan sus dudas y confusiones, y nos dan información importante sobre aquellos aspectos que no hemos enseñado con claridad. Entonces, nos damos tiempo para aclarar las dudas y anotar qué debemos modificar en nuestros vídeos para evitar futuras confusiones. Estas interacciones son verdaderamente uno de los momentos mágicos que vivimos cada día en compañía de nuestros alumnos.

Cada alumno debe hacer al menos una pregunta sobre cada vídeo. Esto resulta especialmente valioso en el caso de los estudiantes que no suelen interactuar con los profesores. En el modelo "me siento y escucho", solo unos cuantos alumnos formulan la mayor parte de las cuestiones. Quienes las plantean suelen ser los más extravertidos y seguros de sí mismos. Los alumnos más callados e introvertidos muchas veces tienen en mente las mismas preguntas, pero en el modelo tradicional rara vez las formulan. En el modelo de aprendizaje de la "clase al revés", todos los alumnos deben plantear preguntas.

En nuestras nuevas clases hemos recibido más y mejores preguntas que en el modelo tradicional, y los debates han sido más enriquecedores. Hemos comprobado que todos los alumnos son curiosos, y en este formato no se sienten amenazados, por lo que pueden mostrar abiertamente su curiosidad y aprender de forma personalizada.

Otra cosa que hemos notado durante las sesiones de preguntas y respuestas es que nuestros alumnos menos participativos han logrado "salir de su capara-

---

amplicar la información, consultar el enlace: lsc.cornell.edu/LSC_Resources/cornellsystem.pdf. [N. de la E.].

zón". Desgraciadamente, algunos de ellos tienen muy pocos adultos que los escuchen. Sus padres están demasiado ocupados y los profesores se dirigen a ellos en lugar de "hablar con ellos". Los únicos que les escuchan suelen ser sus compañeros. Por ello, esos momentos de conversación han abierto una oportunidad para conocer a los alumnos a un nivel más personal, y esto trae el beneficio de que además podemos ayudar a los que tienen algún tipo de problema.

## 5. Prepare su aula para el aprendizaje de la "clase al revés"

Antes preparábamos el aula de la forma tradicional. El centro era el profesor, lo que en general significaba que todas las sillas estaban orientadas hacia la pizarra. Cuando empezamos a usar las nuevas tecnologías, colocábamos todos los asientos hacia la pantalla, que estaba conectada al proyector LCD. Así, al comenzar a poner en práctica nuestro modelo de aprendizaje, nos dimos cuenta de que también debíamos rediseñar la geografía de nuestras aulas.

Ahora, con el método de la "clase al revés", nuestra aula está diseñada en torno al aprendizaje. En lugar de mantener el eje de la clase en la parte delantera, lo desplazamos a la zona central, como en un aula de Educación Infantil. Este cambio modifica la psicología de los alumnos ya que ahora, para ellos, el aprendizaje se concentra en el centro del aula, no en la figura del profesor. Jonathan y yo aún tenemos proyectores de LCD en el aula, pero ya casi nunca los encendemos. El eje en torno al cual gira la clase es el aprendizaje, no la presentación del profesor.

Hace poco recibimos una ayuda económica y pudimos comprar pizarras Smart para nuestras aulas. Estas se encuentran instaladas en un lateral del aula, en vez de estar al frente. El objetivo es que los estudiantes las utilicen como una herramienta interactiva de aprendizaje. Cuando las recibimos, una alumna preguntó si podía tocarlas. Obviamente no era la primera vez que veía una en funcionamiento, pero hasta entonces había sido una herramienta exclusiva del profesor. Nosotros colocamos nuestras pizarras Smart en un lugar en el que los alumnos puedan manipular simulaciones científicas, colaborar en diferentes proyectos y, sencillamente, explorar nuevas formas de aprender.

En nuestra clase de Ciencias de la Tierra y del Espacio, por ejemplo, usamos un programa llamado Starry Night[9] (Noche estrellada), que permite a los usuarios observar el cielo nocturno en cualquier ordenador. Estos pueden cambiar la fecha y la ubicación de lo que ven y tener avistamientos virtuales. La pizarra Smart se convierte así en un centro de actividades al que los alumnos acuden para aprender más sobre las estrellas. Resulta muy emocionante ver cómo los estudiantes inte-

---

[9] Para ampliar información, consultar la página http://www. astronomy.starrynight.com (N. de la E.).

ractúan con las estrellas mediante la tecnología, algo que no podrían hacer en un aula normal.

Nosotros enseñamos Ciencias, materias que, si se quieren enseñar de la manera correcta, requieren muchas actividades prácticas, la mayor parte de las cuales son experimentos. Nos preguntan a menudo cómo logramos organizarnos en un sistema en el que los alumnos pueden estar realizando al mismo tiempo varios experimentos diferentes. Nosotros creemos que la imagen que mejor lo describe es la siguiente: un aula de Educación Infantil no tiene un solo centro, sino que se compone de varios "rincones"o "ejes", un rincón de lectura, otro de escritura, otro más para trabajar en el ordenador, etc. Nuestras aulas están organizadas de forma similar. Tenemos un lugar para experimentar con tipos de reacciones, otro para reacciones de remplazo y uno más dispuesto como un laboratorio de fórmulas empíricas.

Ahora utilizamos menos recursos materiales que antes, porque solo realizan un experimento a la vez unos cuantos alumnos y, además, ha mejorado la seguridad porque ya antes de cada experimento pasamos bastante tiempo hablando con grupos pequeños de estudiantes sobre los procedimientos básicos de seguridad. Desde el punto de vista económico, el aula de aprendizaje para el dominio de la "clase al revés" es más rentable, porque solo se necesita una parte del equipo y los materiales. Cuando usted logre trabajar solo con el 20% de su presupuesto inicial, comprobará que los administradores del centro educativo reconocerán sus méritos.

## 6. Permita que los alumnos gestionen sus tiempos y sus cargas de trabajo

La hija de Jonathan fue su alumna durante dos años en el modelo de aprendizaje de la "clase al revés". Un año, cuando iba a empezar el mes de diciembre, ella comenzó a preocuparse por el estrés que padecería a causa de la cercanía del fin del semestre, y por sus calificaciones. Faltaban dos semanas para los exámenes finales, tenía una importante función de baile que preparar y una obra de teatro en la iglesia, y además debía entregar todas sus tareas.

Una de las cosas que más le gustaba del modelo de aprendizaje de la "clase al revés" es que le permitía manejar sus tiempos. Dedicó buena parte de sus vacaciones del Día de Acción de Gracias a preparar por adelantado la clase de su padre. Sabía que en los próximos días estaría muy ocupada, así que decidió adelantar todo lo que pudiera. También sabía que podía presentar su examen final en cuanto dominara todos los objetivos del semestre. Así pues, planificó su tiempo para que el resto de su agenda resultara un poco menos frenética. Hizo –y aprobó– el examen final antes de tiempo y pudo concentrarse en el resto de las materias. Incluso dedicó el tiempo de la clase de su padre a prepararse los exámenes finales de las otras asignaturas.

Y ella no ha sido la única. Nos hemos dado cuenta de que nuestros alumnos están aprendiendo a manejar correctamente sus propios tiempos. Ya saben qué temas deben dominar para una fecha en concreto, así que pueden fijar su ritmo de trabajo y aprender a tomar buenas decisiones sobre sus prioridades y la gestión de su tiempo.

La hija de Jonathan era una estudiante aplicada que se esforzaba al máximo. Seguramente se está preguntando qué pasa con los alumnos que no tienen esa iniciativa. Hemos notado que nuestras clases de aprendizaje para el dominio de la "clase al revés" son una gran experiencia de madurez para nuestros estudiantes. Los que llegan con pocas habilidades en el manejo de su tiempo aprenden a organizarse. Les damos libertad para que tomen buenas y malas decisiones. Conforme avanza el año, empiezan a tomar mejores decisiones, y esto sucede tanto con nuestros alumnos con problemas como con aquellos que destacan. Nuestro método no constituye una "varita mágica" para desarrollar habilidades de gestión del tiempo en todos los alumnos, pero sin duda ha contribuido a la madurez de la mayoría.

## 7. Anima a los estudiantes a ayudarse entre sí

Nosotros solemos describir nuestras aulas como centros de aprendizaje. El eje del aula ya no es el profesor sino el aprendizaje; así, los alumnos se dan cuenta de que el objetivo es aprender y se piden ayuda mutuamente. Se organizan ellos solos en grupos de estudio; es muy común que pasemos junto a un grupo de estudiantes, les preguntemos sobre lo que están aprendiendo y los veamos ayudarse entre sí.

También colocamos a los alumnos en grupos estratégicos. Encontramos a algunos que están batallando con el mismo contenido y formamos de manera espontánea un equipo de estudio. Esta dinámica evita que el aula sea un espacio con treinta alumnos que estudian cada cual por su lado. Los grupos pequeños conservan la dinámica del aula puesto que animan a la interacción, la colaboración y la exploración.

Todo esto nos entusiasma enormemente. Nuestros estudiantes notan que trabajan mejor en grupo que por su cuenta. Y esto llega al corazón del aprendizaje del siglo XXI: los alumnos trabajan juntos para alcanzar los mismos objetivos. Sabemos que no tardarán en incorporarse al mundo laboral, y la gente no suele trabajar de forma aislada. Los estudiantes se convertirán en miembros de equipos que deberán resolver problemas, y el modelo de aprendizaje de la "clase al revés" está diseñado para fomentar este tipo de interacción.

*He notado un aumento en el trabajo cooperativo en mi aula (...); los alumnos forman espontáneamente grupos de estudio duraderos con los que trabajan durante todas las clases. Esto tiene también un efecto negativo porque algunos de los grupos no son tan productivos cuando trabajan juntos.*

**Brian Bennett,**
escuela internacional en Seúl, Corea del Sur.

## 8. Permite construir un sistema de evaluación adecuado

Es indudable que uno de los grandes desafíos de nuestro modelo ha sido el de construir un sistema de evaluación adecuado que mida, de forma objetiva, la comprensión de los alumnos, de manera que resulte significativo tanto para ellos como para el profesor. ¿Cómo sabemos si los estudiantes han dominado los objetivos del curso? ¿Qué debemos hacer cuando no ha sido así? Estas preguntas invariablemente presentan un desafío para aquellos interesados en adoptar el modelo de aprendizaje de la "clase al revés", pero no tenga miedo, nosotros tampoco aprendimos de manera fácil; por tanto, es probable que usted pase por lo mismo.

Es posible que la logística para manejar múltiples versiones de una misma evaluación haya provocado que el modelo de aprendizaje para el dominio "descarrilara" en la década de los años ochenta del siglo pasado. Crear varias versiones de calidad de las evaluaciones, manejar las que están en papel y mantener un registro de la seguridad de los exámenes es simplemente abrumador para un profesor con un mínimo de treinta alumnos o más en un aula. Creemos que lo que hace posible implementar el modelo de aprendizaje de la "clase al revés" y lo que da a nuestros estudiantes una retroalimentación valiosa es el empleo de las nuevas tecnologías.

### 8.a. Evaluaciones formativas

Ambos hemos impartido clases de Química durante muchos años, y a lo largo de ese tiempo hemos desarrollado suficiente experiencia en nuestra especialidad como para saber de inmediato si un estudiante ha entendido los conceptos claves. Cuando caminamos por el aula e interactuamos con los alumnos, comprobamos en el acto qué están entendiendo y qué no.

Durante el proceso de aprendizaje de los alumnos podemos descubrir y corregir sus dudas. Sabemos, a medida que desarrollan los conceptos, los alumnos necesitan diferentes niveles de apoyo, que dependen de su desarrollo cognitivo individual, así como de la carga conceptual del tema en particular.

A veces proporcionamos a un estudiante una ayuda muy estructurada, pero en otras situaciones dejamos que se las arregle por sí mismo. Sabemos que aprender no se trata de dar a los alumnos los conocimientos "con calzador"; por el contrario, resulta apropiado que el profesor permita a un estudiante "luchar" con un concepto difícil para que lo aprenda de forma más profunda. De manera que dejamos trabajar solos a algunos alumnos porque sabemos que así van a aprender mucho más que si los llevamos de la mano, con lo cual podemos ofrecer más apoyo a los estudiantes que verdaderamente lo necesitan.

Durante el proceso formativo, la carga de la prueba descansa en los estudiantes. Les damos objetivos de aprendizaje y los recursos necesarios para alcanzarlos, pero los alumnos deben ofrecer al profesor las pruebas de que están dominando dichos objetivos. En el caso de los estudiantes que no pueden demostrar que están progresando hacia un objetivo específico, evaluamos rápidamente su comprensión y creamos un plan de nivelación personalizado para que puedan repasar y aprender los contenidos que aún no dominan.

Estos tipos de nivelación y de enseñanza cambian según el alumno. A algunos les pedimos que vuelvan a ver el vídeo o, en otros casos, que lo hagan por primera vez. Les damos libros de texto y direcciones de internet que pueden consultar para que las visiten, o simplemente nos sentamos con ellos y trabajamos en los conceptos que no han entendido.

A menudos nos hemos referido al proceso de evaluación formativa como "comprobar el aceite" de un coche, pero Ewan McIntosh, un conferenciante experto en temas de educación y un defensor del diseño de pensamiento[10] nos superó y fue más allá al equiparar la evaluación formativa con un GPS: cuando un conductor que usa GPS se pierde, el GPS "recalcula" la ruta que debe seguir para retomar el camino correcto. El conductor puede ignorar momentáneamente al GPS, pero al final volverá a prestarle atención y regresará al camino correcto... O terminará metido en un lago.

En el aula, el profesor es como la voz del GPS, que redirecciona a los alumnos cuando se pierden en el proceso de comprensión de los conceptos. Los estudiantes pueden aceptar los consejos y la redirección del docente, o pueden estancarse en el "lago cognitivo" de la confusión. El profesor tiene la responsabilidad de evaluar constantemente los caminos de cada uno de sus alumnos, y de ofrecerles una retroalimentación inmediata que los mantenga por el camino correcto del aprendizaje.

A fin de cuentas, las preguntas claves siempre son las mismas: ¿Has aprendido algo? Si es así, ¿puedes darme pruebas que confirmen que lo has hecho? Sin embargo, una buena enseñanza no solo consiste en saber si los alumnos han llegado a buen puerto, sino también en qué parte del camino se encuentran.

[10] Para ampliar la información, consultar la página http://www.notosh.com/about/ewanmcintosh [N. de la E.].

## 8.b. Diseño de una evaluación formativa con las preguntas apropiadas

Cuando interactuamos con nuestros alumnos mantenemos con ellos un diálogo constante. Nos aseguramos de que entiendan los objetivos de aprendizaje. Los desafiamos para que aprendan lo más profundamente que puedan. Un componente clave de este proceso es nuestra estrategia de formulación de preguntas.

Hace tiempo nos sentamos a hablar con la decana del Departamento de Educación de una universidad privada, que tenía mucha curiosidad sobre algunos aspectos del proceso de aprendizaje para el dominio del método de la "clase al revés", y nos preguntó cómo podríamos preparar a los nuevos docentes en nuestra metodología. Nos señaló que éramos profesores experimentados que ya conocíamos, de forma intuitiva, cuáles eran las preguntas adecuadas. En definitiva, nos planteó la cuestión de ¿cómo podríamos comunicar nuestro conocimiento a los futuros docentes?

Es una pregunta difícil de responder, porque la intuición no es muy fácil de enseñar. Cada año escolar pasamos un buen rato descubriendo y entendiendo, de forma deliberada, cómo comprende y aprende cada uno de nuestros alumnos. No lo hacemos con una batería formal de evaluaciones; sencillamente hablamos con nuestros estudiantes y aprendemos a conocerlos. Nuestro método tiene un componente muy subjetivo, pero funciona.

Así que nuestro consejo para otros profesores interesados en adoptar el modelo de aprendizaje de la "clase al revés" es que hablen con sus alumnos, que descubran cómo piensan y qué tipo de personas son y que les ayuden a aprender a aprender. El docente debe hacer la pregunta adecuada a cada uno de sus estudiantes. Como conocemos muy bien a nuestros alumnos, y como sabemos hasta qué punto entienden cada uno de los objetivos de aprendizaje, cambiamos nuestras preguntas en función de la comprensión de cada uno de ellos. Cada estudiante tiene un nivel de comprensión distinto, y nuestro objetivo principal es ayudarlo a crecer.

Una de las ventajas del aprendizaje mediante la "clase al revés" es que el profesor desarrolla mucha práctica en la formulación de cuestiones. En vez de hacer una sola pregunta durante una exposición, usted puede hacerle muchas mientras interactúa con ellos. Para los docentes puede resultar muy útil practicar este modelo de aprendizaje; esto les dará muchas oportunidades para formular preguntas específicas para cada alumno y satisfacer así sus necesidades individuales de aprendizaje.

## 8.c. Evaluaciones sumativas

Nuestras evaluaciones formativas son esenciales para comprobar que los alumnos comprenden los contenidos, y son fundamentales para la formación del conocimiento. Sin embargo, creemos que los alumnos también necesitan realizar exámenes generales en los que demuestren su dominio de los objetivos de aprendizaje.

Así, hemos desarrollado evaluaciones sumativas en las cuales deben demostrar un nivel mínimo de control de los temas estudiados.

Existen varios modelos de evaluación que pueden emplear los docentes. Los exámenes pueden constituir una parte de la nota, los objetivos pueden evaluarse de forma individual en una escala del 0 al 4, o el examen puede representar la calificación total. Estamos en un sistema en el cual las notas abarcan del 5 al 10, y en el que los porcentajes determinan la calificación que recibirá cada alumno. Si bien no creemos del todo en la conveniencia de evaluar a los alumnos mediante un porcentaje, debemos trabajar en estas condiciones, aunque no siempre sean las ideales.

Para funcionar en el entorno del 5 al 10 con el que se sienten cómodos los padres, los alumnos y los gestores, hemos decidido que los estudiantes deben obtener un mínimo de 75% de aciertos en todas las evaluaciones sumativas para demostrar su dominio de los objetivos de aprendizaje. Esta cifra no es arbitraria: hemos revisado los objetivos de aprendizaje esenciales y hemos creado el examen de modo que un alumno que haya dominado los objetivos claves pueda obtener un 75 % de aciertos. El otro 25 % de la evaluación se puede obtener mediante el dominio de los objetivos "deseables", que también son parte del currículo, pero que pueden no ser imprescindibles para tener éxito en las lecciones subsiguientes.

Un alumno que no acierte un mínimo del 75 % de las respuestas deberá volver a presentarse a la evaluación. Si le cuesta trabajo aprender un tema específico, le ofrecemos nivelación y le brindamos el apoyo que necesite para dominar cada evaluación sumativa. También permitimos a los estudiantes que vuelvan a realizar la evaluación, si obtuvieron un 75 % de aciertos o más pero buscan obtener una calificación mayor. Dejamos que los alumnos decidan en conciencia porque también estamos tratando de enseñarles a hacerse responsables de su propio aprendizaje.

Tenemos varios tipos de evaluaciones de laboratorio que los estudiantes deben completar, y en las que se les plantea un problema que deben resolver. Ellos pueden usar el equipo, las sustancias químicas y los materiales disponibles para encontrar la solución al problema. Estas auténticas evaluaciones también constituyen una parte central de nuestro programa. Y como hemos dicho, los alumnos deben obtener un mínimo del 75 % de aciertos para poder seguir adelante.

Uno de los beneficios del modelo de aprendizaje para el dominio es que los estudiantes no pueden entregarnos un trabajo de mala calidad. Si nos dan un informe inaceptable se los devolvemos y les pedimos que corrijan su trabajo. Los que solo quieren "salir del paso" pronto descubrirán que les irá mejor si entregan buenos trabajos a la primera, en vez de presentar un informe de mala calidad, ya que deberán repetirlo.

Si bien el proceso que acabamos de describir es el que nosotros solemos realizar, no es la única forma de utilizar evaluaciones sumativas en un entorno de aprendizaje donde se aplique el método de la "clase al revés". Muchos profesores y centros educativos que le han "dado la vuelta" a sus clases emplean evaluaciones sumativas más tradicionales. A todos los alumnos les dan el mismo examen en un día concreto, y la calificación que obtienen es permanente. No existe un solo modo de "dar la vuelta" a la clase, un solo modo de evaluar o un solo modo de brindar retroalimentación a los estudiantes. Como siempre, haga lo que considere mejor para sus alumnos y procure trabajar dentro de los parámetros de su particular contexto educativo.

## 8.d. La honestidad en los exámenes

Cuando comenzamos a poner en práctica el programa de aprendizaje de la "clase al revés", usábamos exámenes impresos. Es verdad que teníamos muchas versiones, pero los alumnos respondían a los exámenes en diferentes momentos, por lo general en entornos poco supervisados. Lamentablemente, algunos de nuestros estudiantes tomaron malas decisiones y encontraron la forma de copiar en los exámenes. Algunos hicieron fotos al examen con sus teléfonos móviles y las compartieron con sus amigos. Muy pronto, varios de nuestros exámenes comenzaron a circular entre la población estudiantil.

Cuando decidimos emplear los exámenes por ordenador mejoró la seguridad del proceso y logró garantizar la validez de las respuestas; aun así, encontramos alumnos que copiaban y pegaban exámenes enteros, mandaban la copia a su cuenta personal de correo y lo distribuían entre sus compañeros. Como se imaginará, nos sentíamos frustrados y desanimados. Como en nuestra aula no había ordenadores, a veces mandábamos a los estudiantes a contestar los exámenes a la biblioteca del centro. Lamentablemente, descubrimos que algunos respondían a los exámenes en grupo, con ayuda de sus apuntes o de otros materiales que no debían usar en esa ocasión.

No somos ingenuos: sabemos que siempre hay algunos alumnos que intentan burlar las reglas y toman malas decisiones. Nuestro papel como docentes consiste en limitar las posibilidades de los alumnos para hacer trampas. Con algunos ajustes sutiles, nuestra solución actual ha resuelto la mayor parte de los problemas de seguridad. Ahora solo permitimos que los exámenes se respondan en clase. Hemos instalado varios ordenadores (seis o siete) en cada aula. Y cada examen está protegido por una contraseña, y somos los únicos que la conocemos.

Cuando un alumno está listo para presentarse a un examen, debe entrar en su propia cuenta de correo electrónico del centro y el profesor escribe la contraseña. Esto nos permite hablar de forma individual con los alumnos antes del examen y revisar si tienen los materiales permitidos (por ejemplo, una tabla periódica y una calculadora). En general, les solemos transmitir algún mensaje de ánimo.

Aunque no se trata de un sistema infalible, la mayor parte de los problemas de honestidad y seguridad se han resuelto. Quienes quieran llevar el asunto de la honradez en los exámenes un paso más allá pueden hacer lo mismo que Aaron hizo a partir del año 2011: plantear exámenes abiertos por internet. Comenzó este experimento con el objetivo de responder a dos cuestiones fundamentales:

- ¿Qué preguntas tienen respuestas tan fáciles de encontrar en internet que no haga falta que las enseñemos en clase?
- Dado que hay tanta información al alcance de los alumnos, ¿de qué manera diferente deben estar elaborados los exámenes para poder evaluar de forma eficaz lo que ellos alumnos saben y lo que pueden llegar a hacer con respecto a un tema determinado?

Gracias a estas dos preguntas, pudo transformar sus exámenes, y pasó de unas pruebas en las que lo importante era la memorización y los cálculos matemáticos, a otras en las que se daba prioridad a la resolución de problemas, el análisis de datos y la comprensión matemática. En estos exámenes, que los alumnos "hagan trampa" es un problema menor, puesto que las respuestas no pueden ser compartidas fácilmente debido a que las preguntas son abiertas.

## 8.e. La logística de las evaluaciones sumativas

Cuando comenzaba a promoverse el modelo de aprendizaje para el dominio en los comienzos de la década de los años ochenta del siglo pasado, la logística de las evaluaciones bien pudo haber sido uno de los desafíos que hubiera podido contribuir a impedir su adopción generalizada. ¿Cómo puede gestionar un solo docente tantas versiones de un mismo examen? Si damos a los alumnos el mismo examen una y otra vez, terminarán aprendiéndoselo de memoria, pero seguirán sin entender el contenido.

Cuando comenzamos a poner en práctica el modelo de aprendizaje de la clase al revés, sencillamente escribimos varias versiones de cada examen a mano. Por desgracia, los alumnos hicieron exactamente lo que nos temíamos: se aprendieron los exámenes de memoria, y aunque los aprobaban, no habían aprendido realmente los contenidos.

Una de las cosas que hicimos para resolver los problemas logísticos que implicaba calificar tantos exámenes que se respondían en diferentes momentos fue optar por los exámenes generados por ordenador. Nuestra escuela adoptó un programa gratuito de administración de la clase, un código de fuente abierto llamado Moodle[11] y empezamos a explorarlo para saber si podía resultarnos de utilidad. Parecía tener un gran potencial, porque calificaba de inmediato los exámenes, lo cual nos quitó un enorme peso de encima. Sin embargo, todavía teníamos algunas versiones de cada examen muy parecidas entre sí.

---

[11] Moodle (Modular Object-Oriented Dynamic Learning Environment o Entorno de Aprendizaje Dinámico Modular, Orientado a Objetos) es un paquete de programa para la creación de cursos y sitios webs pensados para docentes y teóricos de la educación [N. de la E.].

Un día, Jonathan estaba explorando un foro en línea sobre Moodle en donde se explicaba la forma de crear una versión única del examen para cada uno de los alumnos. Cada estudiante, además, también recibía una versión diferente en cada intento para resolverlo.

Cuando escribimos nuestras preguntas, creamos múltiples versiones de aquella que cubría cada objetivo. Luego, al componer el examen, el ordenador elige al azar una o más cuestiones por cada objetivo. Así se crean decenas de miles de versiones de cada examen, y esto resuelve el problema logístico de las múltiples versiones del mismo.

Esta herramienta permitió que el aprendizaje para el domino de la "clase al revés" de verdad resultara fácil de aplicar. Conviene, sin embargo, hacer la siguiente advertencia: esto representa una cantidad enorme de trabajo. En vez de escribir una o dos preguntas para cada objetivo, ahora debemos redactar diez o veinte. Se trata de un gran reto.

También seguimos refinando el proceso y añadimos nuevas preguntas, cambiamos el modo en que estaban formuladas y nos aseguramos de que sirvieran para evaluar de forma precisa los objetivos principales. Lo entendemos como un proyecto de muchos años que nunca daremos por concluido definitivamente.

Además de Moodle, existen otros buenos programas de administración de clases, como Blackboard y WebCT, entre otros.

## 8.f. De la A a la F: los sistemas de calificación[12]

Seguramente muchos de ustedes trabajan en un contexto educativo parecido al nuestro. En nuestra escuela, los alumnos siguen recibiendo créditos por cada curso que terminan. Como docentes, debemos dar una calificación a cada alumno: "A" significa excelente, "B" por encima del promedio, "C" promedio, "D" por debajo del promedio y "F" suspenso. Debíamos encontrar la forma de que este sistema de aprendizaje funcionara en nuestro contexto.

Al principio fue una auténtica batalla. En nuestra clase tenemos un sistema de calificación basado en objetivos y en estándares, pero nuestro centro educativo no está organizado para trabajar en esta modalidad. Además de trabajar en el modelo de aprendizaje de la "clase al revés", en los parámetros del sistema A-F se nos pide que aportemos nuestras evaluaciones en boletín de calificaciones en línea que ha adoptado nuestra zona educativa.

Los padres de familia, que también pueden ver este boletín, están acostumbrados a recibir las calificaciones como porcentajes o puntos a los que luego se les asigna la letra correspondiente. Para afrontar estos desafíos hemos hecho bastan-

---

[12] En Estados Unidos se emplea un sistema de calificación basado en letras y no en números. En dicho sistema, A equivale a 9-10, B a 8-8.9, C a 7-7.9, D a 6-6.9 y F a 5.9 o menos, lo cual es un suspenso. [N. de la E.].

tes pruebas y trabajado mucho en nuestro sistema de calificaciones. Finalmente llegamos a establecer un proceso híbrido que está compuesto en parte por un sistema de calificación basado en objetivos y en parte por el sistema tradicional de calificación de la A a la F. Esto puede funcionar o no, dependiendo de cada circunstancia.

En nuestro sistema hacemos evaluaciones sumativas que representan el 50% de la calificación de un alumno. Los estudiantes deben obtener al menos el 75 % de aciertos en cada evaluación sumativa antes de que su calificación se registre en el boletín. El 50 % restante de la calificación está formado por el progreso que tienen los alumnos en las evaluaciones formativas individuales.

Las "clases al revés" son lugares idóneos para usar un Sistema de Evaluación Basado en Estándares (*Standards-Based Grading System*[13], SBG). Muchas de las personas que "dan la vuelta" al aula no usan SBG, y muchas de las que lo hacen no le han llegado a "dar la vuelta" a su clase. Sin embargo, ambas estrategias son muy útiles, si se aplican juntas.

El sistema escolar Adams-50, en Westminster, Colorado, ha adoptado un método de calificaciones basado en estándares para toda la zona escolar. Cada uno puede tener distintos niveles de calificación en cada una de sus clases. Hace poco, los orientadores de formación de la zona descubrieron lo bien que funciona su sistema de evaluación combinado con la educación asincrónica con vídeo, y muchos de sus docentes están creando vídeos para satisfacer las necesidades educativas de sus estudiantes.

Los centros educativos tienen distintos sistemas de calificación, y todos debemos trabajar con los parámetros con los cuales enseñamos. Con frecuencia, "dar la vuelta" a la clase es un cambio tan radical que algunas personas pueden dudar en introducir y modificar el sistema de calificación existente. Este componente del modelo de aprendizaje de la "clase al revés" puede cambiar de un centro a otro, a partir de la distribución que se haga de los vídeos para su revisión por parte de los alumnos y la asignación de una determinada calificación a su trabajo.

[13] Para ampliar la información, consultar el la página http://www.fwps.org/teaching/sbe/grading-system/ [N. de la E.].

Capítulo nueve

# Preguntas frecuentes

Esperamos que, llegado este punto, ya tenga claro cuáles son los beneficios que proporciona "dar la vuelta" a su clase, y que además ya haya empezado a pensar cómo puede poner en práctica este modelo en su contexto. Aquí hemos reunido respuestas a las preguntas más frecuentes que nos han planteado a lo largo de los últimos años. Esperamos que sirvan para resolver sus dudas más apremiantes, y deseamos que pueda aprender de nuestros errores.

- **Existe más de una forma de poner en marcha una "clase al revés", pero ¿qué tienen en común todas estas clases?**

Aunque no lo crea, no todas las "clases al revés" usan los vídeos como herramientas educativas. Las "clases al revés" no se centran en los vídeos, pero la mayor parte de los profesores que adoptan el modelo los usan como medio para dar orientaciones.

La única característica unificadora de las "clases al revés" es el deseo de cambiar el centro de atención del aula: hacer que este pase del profesor a los alumnos y su aprendizaje. Para conseguirlo, la mayor parte de los docentes de "clases al revés" se hacen la siguiente pregunta: ¿qué actividades que no requieren mi presencia pueden realizarse fuera del aula y me permiten dedicar más tiempo de clase a las actividades que sí la requieren?

La mayor parte de los profesores que han dado la vuelta a sus clases (pero no todos) han respondido que las "presentaciones" o la "enseñanza directa". Es verdad que usted no necesita "dar vuelta" a su clase para cambiar el centro de atención, y que hay muchos modelos y herramientas educativas que le podrán ayudar en esta tarea. Una "clase al revés" es una de esas herramientas, pero no la única.

- **¿Qué hago si mis alumnos no disponen de ordenador en su casa?**

Nuestro centro educativo está ubicado en un área relativamente rural de Colorado. Muchos de nuestros alumnos viven en lugares en los que no existe un buen acceso a internet. De hecho, Aaron no consiguió que le instalaran internet de alta velocidad en casa hasta el año 2008. Cuando comenzamos a "dar la vuelta" a nuestras clases y a pedir a todos nuestros alumnos que vieran los vídeos, nos dimos cuenta de que debíamos asegurar el acceso a la red para todos ellos.

Colgamos nuestros vídeos en muchos lugares distintos a internet con el fin de que los alumnos tuvieran diferentes opciones para verlos. Para los alumnos que tenían internet de alta velocidad, subimos los vídeos a un par de sitios especializados. También colocamos los vídeos en el servidor de nuestra zona escolar, y los que tenían ordenadores en casa, pero cuyo acceso a internet era inadecuado o inexistente, podían copiar los vídeos en memorias con USB y verlos después en casa.

También muchos alumnos llevaron sus *iPods*, teléfonos móviles y otros reproductores portátiles, y subimos los vídeos a esos dispositivos. A los estudiantes que no tenían acceso a un ordenador les grabamos un DVD para que pudieran emplear un reproductor para verlos en su televisor. Incluso Aaron reparó algunos ordenadores que nos habían donado y se los entregó a los alumnos que no tenían ordenador en casa.

Una de las preocupaciones principales que conciernen al método de la "clase al revés" es que puede contribuir a ampliar la "brecha digital" entre quienes tienen acceso a las nuevas tecnologías y quienes no lo tienen. Hasta ahora, ninguno de nuestros estudiantes se ha quejado de que no tiene acceso a un ordenador público o privado, a un dispositivo portátil o a un reproductor de DVD. Estamos abiertos a las críticas al respecto, pero creemos que la falta de acceso equitativo no es un obstáculo insuperable y se puede resolver con un poco de creatividad e ingenio.

Quienes están interesados en las tecnologías educativas deben hacer todo lo que puedan para cerrar esa brecha digital. Una sugerencia: pida ayudas económicas. No una, sino todas las que esté capacitado para solicitar. Así fue como solucionamos el problema de la falta de nuevas tecnologías en nuestras aulas: solicitamos y recibimos muchas ayudas para equiparnos con pizarras interactivas, Laptops e infraestructura inalámbrica, y nos hemos dado cuenta de que esta es una buena forma de cerrar la brecha digital.

- **¿Cómo puedo saber si mis alumnos han visto realmente el vídeo?**

Si ha pedido a sus estudiantes como tarea que vieran el vídeo, ¿cómo puede estar seguro de que lo han hecho realmente? Cuando empezamos a pedir a los alumnos que vieran nuestros vídeos, tratamos de descubrir algún método de alta tecnología para comprobar que lo hubieran hecho. Sopesamos la posibilidad de usar una página de internet a la que ellos tuvieran que entrar para ver el vídeo, y luego revisaríamos la bitácora de entradas para comprobar quiénes habían participado. Luego, a Jonathan se le ocurrió una idea que era extremadamente sencilla e implicaba un uso mínimo de recursos tecnológicos: "¿Por qué no revisar sus apuntes?". Y eso es precisamente lo que hemos estado haciendo hasta el día de hoy.

Los alumnos deben tomar apuntes del vídeo, así que nosotros simplemente verificamos que hayan hecho sus anotaciones. Hemos ampliado un poco el formato: ahora dejamos que los estudiantes tomen apuntes en papel, pero también que hagan comentarios en un blog o nos manden un correo electrónico.

Una idea que comenzó en la clase de Ciencias de la Tierra y del Espacio de Jonathan ha modificado por completo la forma en que interactuamos con nuestros alumnos: pedimos a todos que nos muestren sus apuntes y que cada uno nos plantee una cuestión interesante que se le haya ocurrido mientras veía el vídeo. Esta sesión individual de preguntas y respuestas es muy efectiva porque se pide que todos los alumnos interactúen con sus profesores de forma casi diaria. En este modelo, los alumnos brillantes y curiosos no son los únicos que hacen preguntas; también los más tímidos o apáticos, o los que jamás se atreverían a alzar la mano en un aula tradicional. Recuerde que hay muchas formas de comprobar si los estudiantes han visto o no el vídeo.

Ramsey Musallam, un profesor de San Francisco, integra sus vídeos y una plantilla de Google dentro de una página de internet. Después de ver el vídeo, o incluso mientras lo miran, sus alumnos escriben comentarios y apuntan opciones en la plantilla, y más tarde se la mandan por correo electrónico al docente. Brian Bennett suele pedir a sus estudiantes que escriban todos los días en sus blogs y que reflexionen sobre lo que han aprendido.

Trate de ser innovador para que esto funcione en su propio contexto, incluso considere la posibilidad de que los vídeos sean opcionales y use un método diferente para realizar evaluaciones formativas de comprensión para sus alumnos.

- **¿Qué ocurre con los estudiantes que no ven los vídeos?**

La mayoría de las instrucciones directas se realizan a través de los vídeos, de modo que los alumnos que no los ven no llegan preparados a la clase. De hecho, se perderán por completo algunos contenidos importantes; es como si hubieran faltado a clase en un aula tradicional. Nuestra solución para este problema ha sido relativamente simple: en cada una de las aulas tenemos dos ordenadores en la parte posterior. Así, los alumnos que no hayan visto los vídeos en casa, podrán verlos en el aula.

Aquellos que no han visto los vídeos y tienen que dedicar el tiempo de la clase a hacerlo se pierden el tiempo de asesoría, cuando el profesor camina entre los alumnos y los ayuda. Como todas las tareas se efectúan ahora en la clase, estos estudiantes deberán terminar sus tareas en casa, como en el modelo tradicional.

Los alumnos no tardan mucho en darse cuenta de que les beneficia bastante contar con el profesor como recurso cuando realizan sus tareas, y la mayoría prefiere ver los vídeos en casa para poder aprovechar mejor el tiempo con el docente en el aula. Hemos comprobado que, para la mayoría de nuestros estudiantes esta es una buena motivación.

- **¿Cuánto tiempo duran los vídeos?**

Cuando empezamos a hacer vídeos, cada uno duraba más o menos lo mismo que nuestras exposiciones tradicionales, e incluían varios temas. La retroalimentación de nuestros alumnos nos indicó que preferían vídeos más cortos, que incluyeran un solo objetivo. Tratamos de mantener la mayor parte de nuestros vídeos en un límite de diez a quince minutos, y preferimos que no duren más de cinco. Además, hemos notado que si dividimos los vídeos en segmentos más cortos ayudamos a los estudiantes a aprender mejor.

- **¿La "clase al revés" no aumenta el tiempo dedicado a los deberes, especialmente si los alumnos tienen que ver vídeos para varias asignaturas?**

En nuestro caso, la cantidad de tiempo que los estudiantes pasan viendo vídeos es aproximadamente la misma que invierten haciendo deberes, y muchas veces menos, porque en el modelo tradicional los alumnos a quienes les costaba trabajo aprender los contenidos pasaban mucho más tiempo haciendo deberes que no entendían. Los alumnos que deben ver más de un vídeo en una tarde no nos han comentado que tengan más tarea que antes de aplicar el modelo de la "clase al revés".

Otra preocupación frecuente respecto a este tema es si conviene o no mandar deberes. No vamos a discutir aquí las cuestiones prácticas y pedagógicas sobre el lugar de los deberes en la educación, pero tenemos algunas ideas en relación con este tema, por si le interesa "dar la vuelta" a su clase en un contexto o institución educativa cuya política sea no mandar deberes.

Un docente interesado en "dar la vuelta" a su clase en un contexto como el descrito tendría que diseñar su clase para que todo el trabajo (ver vídeos, trabajar en el aula, presentar las evaluaciones) pudiera hacerse durante el tiempo de clase. Esto sería parecido a una clase de aprendizaje asincrónico para el dominio de este método de estudio.

Resulta interesante comprobar que algunos de nuestros estudiantes más eficientes han hecho el trabajo tan rápido que lo han podido terminar durante la clase. Estos alumnos no hacen nada, ni siquiera ver los vídeos, fuera de la clase. Recuerde que en una "clase al revés" no es imprescindible tener vídeos, y estos no tienen por qué verse en casa. El objetivo de "dar la vuelta a la clase" es quitarle la atención al profesor y centrarla en el alumno.

Si se usan vídeos, y deben verse en clase, hay que contar con un acceso adecuado y equitativo a la tecnología adecuada antes de embarcarse en esta aventura. Este problema no debe disuadir al profesor interesado, pero sí es un asunto que conviene tratar antes de empezar a moverse en esta dirección.

Resultaría poco ético crear un entorno educativo en el cual algunos alumnos pudieran participar y otros no, pero si el docente se ocupa de resolver estos problemas antes de embarcarse en el proyecto de la "clase al revés", podrá adoptar el modelo en cualquier circunstancia. En nuestro papel de educadores, nunca debemos rechazar una herramienta educativa simplemente porque exista la posibilidad de que no resulte equitativa.

Si la "clase al revés" no es apropiada para un contexto, eso no quiere decir que no deba ser adoptada en otro. Tenemos que pensar de forma creativa, resolver los problemas que se nos presenten y hacer lo que creamos mejor para nuestros alumnos. La inequidad solo existe porque dejamos que se presente. Intente crear un ambiente de aprendizaje equitativo y siga adelante pero, si no lo puede crear, absténgase de "dar la vuelta" a su clase.

- **¿Cómo han convencido a los administradores de su centro para llevar a cabo el programa?**

Cuando empezamos a "darle la vuelta" a nuestra clase, nos "lanzamos de cabeza". No obtuvimos una aprobación previa de la administración; simplemente comenzamos. Tenemos una escuela maravillosa, con administradores que nos han brindado su apoyo, y siempre nos hemos sentido libres de hacer lo que hemos considerado mejor para nuestros estudiantes.

Poco después de "dar la vuelta" a la clase clases, la asistente del director fue a nuestra aula para ver qué estaba pasando. Al comprobar que teníamos muchos alumnos involucrados en su propio aprendizaje, nos invitó a compartir nuestro modelo con el Consejo escolar. El Consejo recibió con beneplácito nuestro mensaje, y nos apoyó en los cambios que estábamos haciendo porque se dio cuenta de lo valiosos que eran para los estudiantes. De hecho, cuando les hablamos sobre la transformación que estábamos llevando a cabo, actualizaron los viejos ordenadores del aula.

Tal vez usted se esté preguntando a qué desafíos se va a enfrentar cuando presente el modelo a los administradores de su centro. La verdad es que no lo sabemos; nosotros tuvimos suerte. Sabemos de otras personas que "dieron la vuelta" a su clase y tuvieron que pasar por un largo periplo de argumentos e investigaciones para comprobar que este modelo educativo funcionaría. Conocemos una historia exitosa que comenzó con el compromiso de un profesor de "dar la vuelta" a una sola unidad educativa de su currículo. Invitó a su director a ver cómo aprendían los alumnos y, al comprobar lo involucrados que estaban, rápidamente le dio luz verde para proceder al cambio.

> *Resulta sencillo apoyar este tipo de iniciativas gracias al concepto que hay detrás. Quienes deben tomar las decisiones sobre el mejor tipo de educación son quienes están más cerca de los resultados. La única parte difícil del proceso es enfrentarse a las circunstancias imprevistas. Sin embargo, siempre pueden resolverse los obstáculos para que el sistema funcione.*
>
> **Del Garrick,**
> director de la Escuela Secundaria Woodland Park, Woodland Park, Colorado.

- **¿Cómo convencer a los padres de familia?**

La comunidad de padres de familia nos apoya mucho. Al principio, su preocupación principal era cómo tener acceso a los vídeos, pero pudimos resolver ese problema con los DVD, muchos padres mostraron curiosidad ante el nuevo modelo educativo. En cuanto les explicamos las razones del cambio, la mayoría las comprendió y nos dio su apoyo.

Durante la primera junta del año, y en una carta dirigida a los padres de familia, les explicamos en qué consistía el cambio y por qué lo habíamos llevado a cabo. Lo que descubrimos fue que la comunicación clara y consistente da muy buenos resultados cuando quiere presentar algo nuevo. La "clase al revés" es muy diferente a lo que nuestros padres conocieron durante su trayectoria educativa, pero la mayoría de ellos aprecia sus beneficios.

En el caso de Jonathan, una madre expresó al principio su preocupación por el modelo de la "clase al revés", porque creía que iban a tener una clase en línea y su hija no iba a interactuar con el profesor de forma regular. En cuanto entendió en qué consistía verdaderamente el modelo, le envió un correo electrónico a Jonathan en el que le daba las gracias por incrementar su interacción con su hija. Se dio cuenta de que en la "clase al revés" a su hija le resultaba más fácil tener acceso al docente, justo al contrario de lo que ocurre en un modelo de exposición tradicional.

- **¿Qué hacer con los alumnos que no se involucran?**

Ojalá tuviéramos una varita mágica que resolviera todos los problemas de la educación, pero no es así. Lo que podemos ofrecerle para responder a esta pregunta es lo siguiente: antes de que introdujéramos la "clase al revés", teníamos un porcentaje de suspensos de más o menos el 10 % del grupo; con la "clase al revés", tuvimos un porcentaje de suspensos de aproximadamente el 10 %; y con el modelo de aprendizaje para el dominio de la "clase al revés", tenemos un porcentaje de suspensos del 10 %.

Lamentablemente, no sabemos por qué y no hemos podido resolver este problema. Lo que podemos reconocer es que ahora conocemos mejor a nuestros alumnos, porque podemos pasar tiempo con cada uno de ellos, y nos hemos dado cuenta de que cada estudiante que suspende tiene una historia personal complicada. La mayor parte vive en condiciones difíciles, y el centro educativo sencillamente no es su prioridad, pero conocerlos mejor nos permite brindarles el apoyo que necesitan.

Un alumno en particular mostró una gran frustración con el modelo de aprendizaje para el dominio de la "clase al revés" y se dirigió a Jonathan elevando el tono y faltándole al respeto. Tras hablar detenidamente con el estudiante, pudimos descubrir, junto con el orientador del centro, que tenía algunos problemas personales. Aunque él siguió en sus clases, pudo obtener la ayuda que necesitaba de los orientadores. El modelo de aprendizaje para el dominio de la "clase al revés" no fue directamente responsable de que este alumno recibiera la ayuda que necesitaba, pero nos permitió conocerlo mucho mejor que en una clase tradicional, y conducirlo por direcciones más positivas.

- **¿Los alumnos aprenden mejor con el modelo de la "clase al revés"? ¿Funciona realmente?**

Cuando comenzamos a "dar la vuelta" a la clase, no teníamos ni idea de si era un buen paradigma educativo; simplemente la pusimos en práctica. Tal vez no constituyera la mejor manera de hacerlo, pero así fue. Ahora nos preguntamos: ¿los alumnos aprenden mejor en una "clase al revés"? ¿Cómo podemos averiguarlo?

En el momento en el que se publicó este libro, en su edición en inglés, sabíamos que se estaba llevando a cabo un tipo de investigación-acción sobre el método de la "clase al revés". Todavía no se ha publicado mucho acerca del mismo, pero esperamos conocer más resultados de dicha investigación en el futuro, y tenemos planeado interactuar con otras investigaciones, a medida que se vayan llevando a cabo. Mientras tanto, aquí tiene algunas de nuestras observaciones.

Cuando ambos empezamos a enseñar Química en la Escuela Secundaria de Woodland Park, lo hicimos usando el método tradicional de exposición. Para tener un programa consistente en toda la escuela, decidimos aplicar el mismo examen a todos los alumnos de Química, sin importar quién fuera su profesor. Las calificaciones de los exámenes del curso 2006-2007 nos proporcionaron una base de comparación. Cuando "dimos la vuelta" a la clase al siguiente año escolar, decidimos aplicar exactamente los mismos exámenes para ver qué pasaba.

Antes de compartir nuestros resultados, debemos explicar un par de cosas: cuando llegamos a la Escuela Secundaria de Woodland Park, ocupamos el lugar de una profesora que se había retirado después de mucho tiempo enseñando. Esta profesora solo aceptaba en su clase de Química a los mejores alumnos. Sus requisitos previos para admitir a alguien en su clase eran muy estrictos.

Así que el primer año que impartimos clases tuvimos un grupo excepcional de estudiantes que habían cumplido estos requisitos y habían obtenido calificaciones muy altas en el examen de admisión del estado de Colorado (véase el cuadro 8.1). No dábamos crédito de lo asombrosos que eran estos muchachos.

| | Lectura | Escritura | Matemáticas | Ciencias |
|---|---|---|---|---|
| **Calificación promedio** | 714 | 635 | 646 | 534 |

*Cuadro 8.1. Calificaciones de entrada en la prueba de admisión del estado de Colorado, curso 2006-2007.*

Ambos estábamos convencidos de que el requisitos previo de la profesora anterior para inscribirse en su clase de Química (que los muchachos estuvieran cursando la asignatura de Álgebra II) era demasiado severo. Decidimos pedir un requisito de Matemáticas más bajo (concretamente el de estar cursando la materia de Geometría) para animar a más alumnos a que aceptaran el desafío y cursaran la asignatura de Química.

Como bajamos el nivel como requisito previo, al año siguiente el número de matriculados aumentó considerablemente: pasó de 105 a 182 alumnos. Como era de esperar, las calificaciones en el examen de admisión en el estado de Colorado para este grupo eran menores (véase el cuadro 8.2).

| | Lectura | Escritura | Matemáticas | Ciencias |
|---|---|---|---|---|
| **Calificación promedio** | 699 | 607 | 619 | 519 |

*Cuadro 8.2. Calificaciones de entrada en la prueba de admisión del estado de Colorado, curso 2007-2008.*

Durante el año escolar 2007-2008, impartimos las materias usando el modelo de la "clase al revés", pero empleamos los mismos exámenes del curso anterior para evaluar a nuestros alumnos. A finales del año escolar, ya teníamos un segundo que podíamos comparar directamente con el primero; era hora de saber cómo le había ido a los estudiantes con los mismos exámenes.

Teniendo en cuenta que las calificaciones promedio del estado de Colorado eran más bajas, podíamos haber previsto que los alumnos del curso 2007-2008 también habían obtenido promedios más bajos en sus exámenes, pero resulta que el grupo de alumnos que aprendieron con la "clase al revés" obtuvo casi las mismas calificaciones promedio en los exámenes que el de los alumnos del año anterior, que aprendieron con el modelo tradicional de exposición. (Véase el cuadro 8.3).

| | Calificaciones promedio de los alumnos del curso 2006-2007 | Calificaciones promedio de los alumnos del curso 2007-2008 |
|---|---|---|
| **Examen de la unidad 1** | Se aplicaron exámenes diferentes | |
| **Examen de la unidad 2** | 78.7 % | 78.7 % |
| **Examen de la unidad 3** | 84.5 % | 86.8 % |
| **Examen de la unidad 4** | 81.6 % | 80.7 % |
| **Examen de la unidad 5** | Se aplicaron exámenes diferentes | |
| **Final del primer semestre** | 67.9 % | 66.2 % |
| **Examen de la unidad 6** | 75.1 % | 74.1 % |
| **Examen de la unidad 7** | 89 % | 81.2 % |
| **Examen final** | 73.9 % | 71.7 % |

*Cuadro 8.3. Comparación de las calificaciones promedio entre cursos escolares.*

El examen de la unidad 7 nos tenía preocupados porque en esta unidad era donde más variaba el promedio de las calificaciones de un año con respecto a otro. Nos "exprimimos el cerebro" intentando averiguar por qué a los alumnos del curso 2007-2008 no les fue tan bien.

Cuando vimos el calendario del curso escolar 2007-2008, nos dimos cuenta de que, a causa de las tormentas de nieve, nuestros alumnos (con el método de la "clase al revés") habían tenido aproximadamente dos semanas para aprender el temario, mientras que el grupo del curso escolar 2006-2007 había tenido casi cuatro semanas para estudiar el mismo contenido. Los demás exámenes del grupo con el método de la "clase al revés" presentaban promedios mayores o menores en un porcentaje insignificante desde el punto de vista estadístico.

Es evidente que no se trata de un estudio científico muy sólido, pero parece indicar que gracias al modelo de la "clase al revés" pudimos ayudar a los alumnos con menos habilidades matemáticas a alcanzar un desempeño similar al de un grupo que tenía más habilidades, en una ciencia que tiene precisamente un gran contenido de Matemáticas, como es la que impartimos nosotros. Nuestro veredicto fue muy claro: ¡la "clase al revés" sí funciona!

*La mayor parte de los alumnos han sido muy receptivos y han destacado con este modelo. Otros han necesitado que los apoyemos mucho más para seguir trabajando a un buen nivel. No he comprobado que se incremente significativamente el bajo desempeño (calificaciones de 7 o menos) en relación con la enseñanza tradicional, pero sí he visto un aumento en el alto desempeño, en particular en los estudiantes que se suelen describir a sí mismos como "malos" para las Matemáticas.*

**Brian Bennett,**
escuela internacional en Seúl, Corea del Sur.

- **¿Quién elabora los vídeos?**

Cuando empezamos, nosotros realizábamos todos los vídeos personalmente. Aaron hacía la unidad 1 de Química, y yo la unidad 1 de Química Avanzada. Luego nos intercambiábamos el trabajo según a quién le tocara impartir cada clase. Con el tiempo, decidimos hacer la segunda versión de nuestro vídeos (los primeros no eran de muy buena calidad) y comenzamos a crearlos juntos. Esto mejoró significativamente su calidad. Nuestros vídeos actuales son más una conversación sobre Ciencias que un conjunto de materiales de divulgación formal.

A medida que nuestros vídeos comenzaron a recibir más atención, hubo docentes de todo el país que nos contaron que los estaban usando como complemento de sus propias clases, y a veces, incluso, como las principales herramientas de enseñanza. Queremos insistir en que está bien usar los vídeos de otras personas. No tiene que hacerlos por su cuenta. Claro que escuchar la voz de su profesor, leer su letra y ver su cara en el vídeo educativo realmente tiene mucho valor para el alumno, pero, para empezar, considere la posibilidad de usar vídeos que hayan elaborado otros educadores. Luego haga los suyos y vaya reemplazando gradualmente los anteriores.

- **¿De dónde sacar tiempo para hacer los vídeos?**

Como en el año en que empezamos a aplicar el modelo de la "clase al revés" nos habíamos propuesto preparar con anticipación todas nuestras exposiciones, pudimos "matar dos pájaros de un tiro". Jonathan es muy madrugador, así que, con frecuencia, se le podía ver a las seis de la mañana haciendo vídeos de Química en la escuela. Yo soy más bien noctámbulo, así que era fácil encontrarme escondido en el cuarto de mi casa donde está la lavadora elaborando vídeos tras acostar a mis hijos. Quién sabe cómo, pero la verdad es que al final lo conseguimos.

Cuando nos comprometíamos a hacer los vídeos juntos, llegábamos a la escuela antes de las clases o nos quedábamos después. Sin duda es una gran carga de trabajo, pero ahora que tenemos los vídeos solo debemos rehacer en parte unos cuantos al año. Es más, todo el "tiempo extra" que obtuvimos nos dio la oportunidad de escribir este libro. Lo más probable es que en este mismo instante, mientras usted se encuentra leyéndolo, estemos sentados, después de las clases, frente al mismo ordenador que usamos para escribirlo, y que estemos produciendo uno más de nuestros vídeos.

# Conclusión

Sabemos que el método de exposición no es el mejor medio para comunicarnos con nuestros alumnos, sin embargo a veces la enseñanza directa puede tener un lugar importante en el aprendizaje, aunque ese lugar no sea el aula ni el grupo. Hemos aprendido que enseñar con ayuda de vídeos puede ser muy efectivo para algunas materias, pero no tanto para otras. Hay algunos conceptos que el estudiante debe descubrir de forma independiente, otros que es mejor enseñar de manera directa y algunos otros se adquieren a través de un diálogo socrático.

Nuestros vídeos no son el fin de la educación, pero nos han permitido explorar los mejores modelos pedagógicos para nuestros alumnos. Le animamos a explorar y a combinar lo que ha aprendido de nosotros, y a que lo adapte a las buenas prácticas docentes que ya conoce por su propia experiencia.

> *Aunque volviera a cambiar a un aula tradicional, no lo haría por completo. Actualmente estoy usando un método híbrido. Los lunes tenemos una clase corta (de 45 minutos) y el resto de la semana la alternamos con clases extendidas. Los lunes suelo enseñar en directo algunos temas generales para los estudiantes que necesitan una interacción frente a frente en el aula. También me permite resolver algunas dudas importantes que muchos de los alumnos tienen en relación con el contenido.*
>
> **Brian Bennett,**
> escuela internacional en Seúl, Corea del Sur.

> *No todas las técnicas son útiles para enseñar todos los conceptos; algunas cosas todavía se enseñan de forma tradicional, ciertos conceptos se aprenden mediante el descubrimiento que efectúan los alumnos y algunos mediante la "clase al revés". Primero pensamos en las habilidades que queremos que desarrollen los estudiantes y luego pensamos en el mejor método para enseñárselas.*
>
> **Philip Kurbis,**
> Escuela Internacional en Múnich, Alemania.

Desarrollar el método que hoy conocemos como la "clase al revés" ha supuesto un largo camino para ambos. Ver algo que empezó en un par de aulas de la zona rural de Colorado y en otros lugares dispersos, hoy se ha expandido por todo el mundo, es una lección de humildad. No éramos más que un par de profesores que querían hacer lo mejor para sus alumnos y que se lanzaron a desarrollar este proyecto; no conocíamos las implicaciones que tendría, pero hoy sabemos que los modelos de la "clase al revés" y del aprendizaje para el dominio de la "clase al revés" tienen el poder de provocar un impacto positivo en la educación.

Queremos expresar nuestro reconocimiento a todos los docentes y alumnos que han crecido con nosotros a lo largo de este proceso, y que han influido en nuestras ideas sobre la "clase al revés". Este libro comparte y describe la historia desde nuestra perspectiva, pero sabemos que hay muchos otros educadores fantásticos que durante años han usado las mismas herramientas, habilidades y recursos.

Queremos dar las gracias a Lage, Platt y Treglia por su artículo "Inverting the Classroom: A Gateway to Creating an Inclusive Learning Environment" ("Invertir la clase: una puerta para crear un entorno de aprendizaje inclusivo"), publicado en el número del invierno de 2000 de la revista *Journal of Economic Education.*

Esperamos que la sabiduría y la experiencia de otras personas sigan dando forma a la "clase al revés". Gran parte de lo que hacemos a diario ha estado inspirado en otros docentes que usan herramientas educativas similares, y que hemos adaptado para satisfacer nuestras propias necesidades. No pretendemos haber creado una nueva pedagogía, y tampoco hemos intentado convertir esta innovación en una marca. Sencillamente nos dimos cuenta de que existía una necesidad y hemos buscado satisfacerla con las herramientas tecnológicas que teníamos a la mano, y el resultado nos ha entusiasmado tanto que hemos querido compartirlo con todo el mundo.

Si usted está pensando en "darle la vuelta" a su clase, ponerla "al revés", queremos que esté seguro de hacerlo por las razones correctas. Como hemos dicho anteriormente, aquí no tienen cabida los fanáticos del control. Una de las cosas más difíciles después de cambiar a la "clase al revés" y después al aprendizaje para la dominio de la "clase al revés" fue ceder a los alumnos el control de su propio aprendizaje. Esto le resulta costoso a muchos docentes, pero cuando finalmente este se encuentra en manos de los estudiantes y no en las del profesor es cuando de verdad tiene lugar el aprendizaje.

Los constructivistas convencidos y los defensores a ultranza del aprendizaje por proyectos podrán afirmar que no les hemos dado suficiente control del aprendizaje a nuestros alumnos. Puede ser que tengan razón; sin embargo, "dar la vuelta" a la clase es un paso sencillo que cualquier docente puede dar para alejarse de la enseñanza directa en clase y acercarse más a un aprendizaje dirigido al estudiante y basado en la investigación.

Cuando compartimos nuestra historia por todo el país, los docentes, los directivos, los administradores de los centros educativos, los padres de familia y, lo que es más importante, los alumnos, nos dicen una y otra vez que están deseando que se implante el modelo de la "clase al revés" en sus centros. Los docentes que escogieron esta profesión porque querían ayudar a las nuevas generaciones entienden que este modelo es una forma de alcanzar su máximo objetivo: educar.

A los administradores les suele complacer que la "clase al revés" sea fácil de adaptar, de reproducir y de personalizar, y que no se necesite mucho dinero para implantarla. A los padres de familia les gusta el modelo porque lo ven como un método para que sus hijos aprendan de verdad, y no solo para recibir información. Por último, y lo más importante, es que a los alumnos les gusta el modelo por varias razones:

- Habla su mismo idioma.
- Les enseña a hacerse responsables de su propio aprendizaje.
- Es flexible y les permite trabajar a su propio ritmo.

Ambos creemos que las buenas prácticas de enseñanza tienen lugar en el contexto de una relación profesor/alumnos sana. Los estudiantes tienen que ver a los adultos como mentores y guías, y no como expertos cuyos conocimientos son inalcanzables. Y los profesores deben ver a sus alumnos no como chicos indefensos a los que hay que imponerles los conceptos "con calzador", sino como individuos únicos que requieren una educación individualizada y única.

El modelo de la "clase al revés" y del aprendizaje para el dominio de la "clase al revés" nos ha permitido entregar a los estudiantes el poder de aprender más contenidos de forma más profunda, y en un ambiente interactivo y rico en relaciones personales, que les ayuda a tener éxito.

Ahora le encargamos a usted, nuestro lector o lectora, la tarea de pensar la educación de manera diferente. Aunque no adopte por completo nuestros modelos, le invitamos a formularse una importante pregunta: "¿Qué es lo mejor para los chicos?", y a que, cuando se responda, lo haga.